AF332098

MINISTÈRE DU TRAVAIL, DE L'HYGIÈNE, DE L'ASSISTANCE ET DE LA PRÉVOYANCE SOCIALES

LOI DU 5 AVRIL 1928

SUR LES

ASSURANCES SOCIALES

Suivie du

DÉCRET DU 30 MARS 1929

portant règlement d'administration publique

pour l'exécution de ladite loi

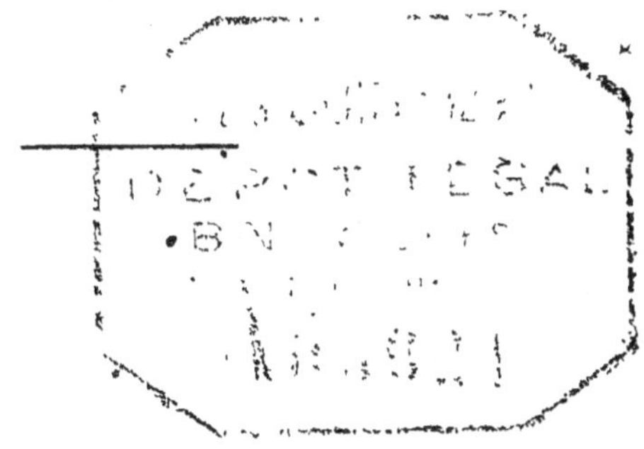

LIBRAIRIE ADMINISTRATIVE BERGER-LEVRAULT

NANCY-PARIS-STRASBOURG

1929

Prix net : 3 fr. 75

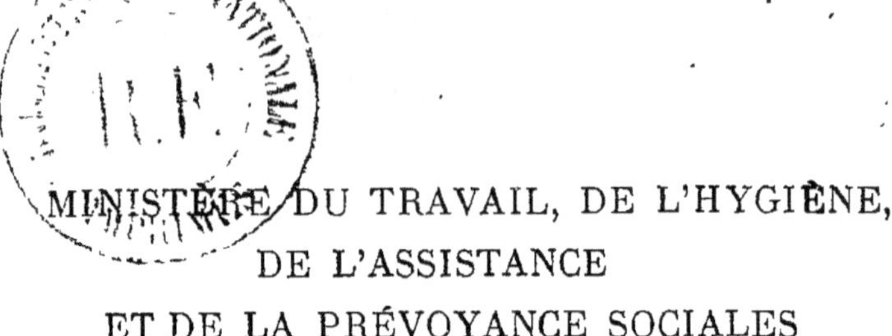

MINISTÈRE DU TRAVAIL, DE L'HYGIÈNE, DE L'ASSISTANCE ET DE LA PRÉVOYANCE SOCIALES

———

Loi

sur les assurances sociales

Du 5 avril 1928.

———

TITRE I.

ASSURANCE OBLIGATOIRE.

Art. 1. — 1. Les assurances sociales couvrent les risques maladie, invalidité prématurée, vieillesse, décès et comportent une participation aux charges de famille, de maternité et de chômage involontaire par manque de travail, dans les conditions déterminées par la présente loi.

2. Sont affiliés obligatoirement aux assurances sociales tous les salariés des deux sexes dont la rémunération totale annuelle, quelle qu'en soit la nature, à l'exclusion des allocations familiales, ne dépasse pas 18.000 francs. Le chiffre-limite est augmenté de 2.000 francs par enfant à partir du deuxième à la charge de l'assuré, au sens fixé par l'article 20 de la présente loi; il est diminué de 3.000 francs pour les salariés sans enfant à charge.

Les métayers travaillant d'ordinaire seuls ou avec l'aide des membres de leur famille, conjoint, ascendants ou descendants et ne possédant aucune partie du cheptel, sont assimilés aux salariés.

Les propriétaires de corps de biens donnés à métayage sont assimilés aux employeurs.

3. L'affiliation s'effectue obligatoirement et sous les sanctions prévues à l'article 64, à la diligence de l'employeur, dans le délai de huitaine qui suit l'embauchage. Elle est opérée dans le département par les soins de l'office des assurances sociales qui immatricule l'assuré et lui délivre une carte individuelle d'assurances sociales.

4. Les salariés étrangers ayant leur résidence réelle et permanente en France sont assurés comme les salariés français; mais ils ne bénéficient pas des allocations et des fractions de pensions imputables sur le fonds de majoration et de solidarité créé par la présente loi.

ART. 2. — 1. Les ressources des assurances sociales sont constituées, en dehors des contributions de l'État, par un versement égal à 10 % du montant global des salaires jusqu'à concurrence du maximum de 15.000 francs : 5 % à la charge de l'assuré retenus lors de sa paye et au moins une fois par mois, 5% à la charge de l'employeur à qui incombe, quelle que soit la durée d'occupation du salarié, sous les sanctions prévues à l'article 64, le versement de cette double contribution, sous forme de vignettes, timbres, timbres mobiles, chèques postaux ou autre mode de libération à déterminer par le règlement général d'administration publique prévu par l'article 73 de la présente loi.

2. Le versement de cette double contribution est effectué dans les dix premiers jours de chaque mois, pour les salaires payés au cours du mois précédent. Toutefois, les exploitants agricoles, affiliés à une mutuelle agricole régie par la loi du 4 juillet 1900 ou à un syndicat agricole autorisés à cet effet, auront la faculté d'opérer, directement ou par l'intermédiaire de cette mutuelle ou de ce syndicat, le versement de la double contribution, dans les quinze premiers jours de chaque trimestre, pour les salaires payés au cours du trimestre précédent. Suivant le cas, le décompte du nombre ou du montant des cotisations ouvrant droit à l'assurance sera arrêté à la fin du mois ou du trimestre qui précédent le début de la maladie ou l'accident. En vue de faciliter l'application de la loi, la faculté prévue pour les exploitants agricoles pourra, dans les conditions et sous les garanties déterminées par le règlement général d'administration publique, être accordée aux employeurs du commerce et de l'industrie qui devront, dans ce cas, verser mensuellement une provision suffisante.

3. Le règlement général d'administration publique déterminera les règles d'évaluation des salaires et spécialement du salaire des assurés qui travaillent à façon, aux pièces, à la tâche, à domicile, qui sont rémunérés suivant le chiffre d'affaires ou ne travaillent qu'une seule fois ou par intermittence pour le compte d'un même employeur, quand la durée de

chaque période de travail est de moins d'une journée; il déterminera le mode de perception des cotisations afférentes à ces salaires.

4. Quand le salaire agricole n'est pas acquitté périodiquement ou uniquement en espèces, il lui sera substitué le salaire moyen journalier fixé dans les conditions prévues pour l'application de l'article 8 de la loi du 15 décembre 1922 sur les accidents agricoles. C'est sur ce salaire journalier que seront calculées la cotisation de l'assuré et la contribution de l'employeur correspondant à une journée de travail. C'est sur ce même salaire journalier que seront calculées les contributions des métayers assimilés aux salariés et des propriétaires de fonds.

5. Le travailleur à domicile rémunéré à façon, aux pièces ou à la tâche, si lui-même est assuré obligatoire vis-à-vis du fabricant pour le compte duquel il travaille, n'est point tenu au versement des contributions patronales afférentes à l'emploi des ouvriers qui travaillent avec lui pour ledit fabricant. Ces contributions sont à la charge de ce même fabricant.

6. La contribution de l'employeur reste exclusivement à sa charge, toute convention contraire étant nulle de plein droit.

7. Aux versements obligatoires, les salariés ou leurs employeurs peuvent ajouter, sans limitation de valeur, des versements facultatifs qui donnent droit à des avantages supplémentaires.

8. Les assurés agriculteurs qui, en dehors des cas prévus à l'article 21, ne se livrent que par intermittence à un travail salarié pourront effectuer des versements facultatifs afférents aux journées qui n'ont pas donné lieu à rémunération sans cesser d'être considérés comme des assurés obligatoires, à condition qu'ils justifient annuellement d'au moins 120 jours de travail salarié et que ces versements soient au moins égaux, pour chaque journée de travail, à 10 % du salaire moyen journalier défini au paragraphe 4 du présent article.

Art. 3. — 1. L'assujettissement obligatoire aux assurances sociales cesse à l'âge de soixante ans. Le salarié a la faculté d'ajourner, d'année en année, la liquidation de ses droits à la retraite jusqu'à soixante-cinq ans. Il demeure, dans cette situation, assuré contre les divers risques, s'il continue à travailler.

2. L'assuré retraité pour vieillesse qui continue à travailler est exonéré de la retenue de 5 %.

3. La contribution patronale de 5 % est due pour l'emploi :
a) de tout salarié français ou étranger dont la retraite, constituée sous un régime résultant de dispositions légales ou

réglementaires, est liquidée ou en instance de liquidation,
(*b* de tout salarié français ou étranger âgé de soixante ans
ou plus, qui ne bénéficierait d'aucune retraite constituée dans
ces conditions.

4. Cette contribution est versée au fonds de majoration **et**
de solidarité sous les sanctions prévues à l'article 64, dans les
formes et les délais fixés par le règlement général d'admi-
nistration publique.

Risque-maladie.

Art. 4. — 1. L'assurance-maladie couvre les frais de médc-
cine générale et spéciale, les frais pharmaceutiques et d'appareils, les frais d'hospitalisation et de traitement dans un
établissement de cure et les frais d'interventions chirurgi-
cales nécessaires, pour l'assuré, son conjoint et leurs enfants
non salariés de moins de seize ans, selon les modalités suivantes :

2. L'assuré choisit librement son praticien.

3. Les consultations médicales sont données au domicile
du praticien, sauf lorsque l'assuré ne peut se déplacer en
raison de son état. Toutefois, pour les visites à domicile, le
choix de l'assuré est limité aux médecins ou aux sages-femmes de la commune où il réside. S'il n'y a pas de praticiens
domiciliés dans la commune de l'assuré, celui-ci choisit parmi
les praticiens résidant dans la commune la plus rapprochée.
Au cas où il désire faire appel à un autre praticien ou, en
général, à tout praticien demandant des honoraires supé-
rieurs à ceux des tarifs locaux prévus au paragraphe suivant, le supplément de frais pouvant résulter de l'appel de
ce praticien est laissé à la charge de l'intéressé.

4. Les prestations en nature, soit à domicile, soit dans un
milieu hospitalier ou technique, sont réglementées d'après
des conventions et évaluées, compte tenu des tarifs syndicaux ordinaires, suivant les tarifs locaux résultant les uns
et les autres, de contrats collectifs intervenus entre les
caisses et les syndicats professionnels.

5. Leur montant est supporté par la caisse ou remboursé
par elle à l'assuré suivant les conditions déterminées dans
les contrats. La participation de l'assuré aux frais médicaux
en dehors des suppléments de frais visés au paragraphe 3
ci-dessus, est fixée par le caisse entre 15 et 20 % et réali
sée également suivant le mode prévu auxdits contrats. Le
taux de la participation aux frais pharmaceutiques et autres
est uniformément fixé à 15 %. Le règlement général d'administration publique déterminera les conditions d'exécution
des présentes dispositions.

6. Après expérience d'au moins deux années, toute caisse d'assurances pourra être autorisée, sur sa demande et après avis favorable de la section permanente du conseil supérieur des assurances sociales, à réduire le pourcentage de participation des assurés aux prestations en nature, ainsi que le délai de carence prévu à l'article 5. Le fonds de majoration et de solidarité pourra être appelé à participer aux dépenses résultant de la diminution du pourcentage des assurés.

7. Les prestations en nature sont dues à partir de la date du début de la maladie ou du traitement de prévention, qui est celle de la première constatation médicale et pendant une période de six mois.

8. Toute rechute survenue dans les deux mois de l'affection est considérée comme la continuation de la maladie primitive.

9. L'assuré dont l'état nécessite des soins préventifs peut se prévaloir des dispositions des paragraphes 1er et 7 ci-dessus.

Art. 5. — 1. Si l'assuré malade ne peut, d'après attestation médicale, continuer ou reprendre le travail, il a droit, à partir du sixième jour qui suit le début de la maladie ou l'accident, et jusqu'à la guérison ou jusqu'à l'expiration des six mois prévus à l'article 4, à une indemnité par jour ouvrable égale au demi-salaire moyen quotidien. Le chiffre de ce salaire moyen est obtenu en divisant par 300, soit le montant du salaire annuel résultant des cotisations payées dans les douze mois qui ont précédé la maladie, soit celui d'un ouvrier de même profession travaillant dans les mêmes conditions.

2. L'indemnité journalière sera majorée jusqu'à concurrence de 60 % du salaire, lorsque celui-ci, rapporté à un travail normal pour l'année, n'atteindra pas un minimum déterminé annuellement par décret. Ce décret fixera, après avis de la section permanente du conseil supérieur des assurances sociales, les conditions d'attribution de cette majoration, dont le taux variera suivant une échelle inverse au chiffre du salaire et qui pourra être, en tout ou en partie, à la charge du fonds de majoration et de solidarité.

3. Pour avoir droit ou ouvrir droit aux prestations en nature et en argent, l'assuré devra avoir cotisé réglementairement, au début de l'application de la loi, vingt jours durant le mois précédant la maladie, et à partir du quatrième mois, soixante jours durant les trois mois antérieurs.

4. La caisse d'assurances verse, pour chaque jour ouvrable, au compte de l'assuré à qui elle sert une indemnité, la moitié de la fraction de cotisation qui devra être affectée au risque-vieillesse. Cette fraction est calculée d'après la moyenne des

cotisations inscrites au compte de l'assuré, au cours des douze mois qui ont précédé la maladie et sur la base de trois cents jours.

Art. 6. — 1. L'assuré a droit aux consultations et aux traitements dans les dispensaires, cliniques, établissements de cure et de prévention dépendant de la caisse d'assurances dont il reçoit les secours de maladie ou ayant passé des contrats avec elle.

2. En cas d'hospitalisation, les frais supportés par la caisse seront contenus dans des limites qui ne dépasseront pas les tarifs pratiqués dans les établissements hospitaliers de l'assistance publique à l'égard des malades admis sous le régime de l'assistance médicale gratuite ou des accidentés du travail admis sous le régime de la loi du 9 avril 1898.

3. L'allocation à laquelle l'assuré peut prétendre est réduite en cas d'hospitalisation :

Du tiers, si l'assuré a un ou plusieurs enfants de moins de seize ans, ou bien s'il a un ou plusieurs ascendants à sa charge ;

De la moitié, si l'assuré est marié sans enfants ni ascendant à sa charge ;

Des trois quarts, dans tous les autres cas.

Art. 7. — 1. La caisse exerce un contrôle général sur l'ensemble des services, les administrations hospitalières sur leurs établissements. Les syndicats professionnels contrôlent eux-mêmes, soit sur la demande de la caisse, soit sur leur initiative, à la façon dont les services techniques sont assurés.

2. Tout bénéficiaire de l'assurance-maladie doit se prêter aux contrôles institués dans les conditions prescrites par le règlement général d'administration publique. L'intéressé peut toutefois exiger qu'ils s'effectueront en présence du médecin traitant. En cas de refus constaté, les prestations sont suspendues et notification en est faite à l'intéressé.

3. Si une contestation s'élève entre l'assuré et le médecin, en ce qui concerne l'état du malade, ou si la caisse estime qu'un nouvel examen s'impose, cet état est apprécié par une commission technique composée du médecin traitant, d'un médecin désigné, suivant les cas, soit par l'assuré, soit par la caisse, et d'un médecin choisi par le juge de paix. S'il s'agit d'incapacité permanente, ce troisième médecin sera un médecin expert désigné par le président du tribunal civil.

4. En cas d'abus, la caisse poursuit le remboursement des frais inutiles.

5. Les conventions passées entre la caisse et les syndicats professionnels de praticiens et avec les établissements de soins sont soumises à une commission tripartite, fonction-

nant au chef-lieu, composée par tiers, de représentants des caisses, des groupements professionnels et, pour le dernier tiers, de représentants de l'office des assurances sociales. Sauf pour le contrôle du service médical, elle est chargée, en outre, de prévenir et de régler les difficultés dans les divers services ou entre eux, et de prendre toutes les sanctions nécessaires, avec appel devant la section permanente du conseil supérieur des assurances sociales. En particulier, elle arbitrera, sous réserve d'appel devant la section permanente, les litiges qui naîtraient, entre les parties contractants, de l'application desdites conventions.

ART. 8. — 1. Ne donnent pas lieu aux prestations en nature et en argent, sous réserve de l'application de l'article 60 ci-après : les maladies et blessures indemnisées par application des dispositions légales relatives aux accidents de travail.

2. Ne donnent pas lieu aux prestations en argent : les maladies, blessures ou infirmités résultant de la faute intentionnelle de l'assuré.

3. Les blessures et les maladies visées par la législation sur les pensions militaires sont garanties suivant les conditions fixées aux articles 51 et 54.

Maternité.

ART. 9. — 1. Au cours de la grossesse et des six mois qui suivent l'accouchement, l'assurée et la femme de l'assuré bénéficient des prestations médicales et pharmaceutiques dans les conditions et limites fixées par les articles 4 et 5.

2. Six semaines avant l'accouchement, six semaines après, l'assurée jouit de plein droit de l'indemnité journalière visée à l'article 5, à la condition qu'elle cesse tout travail salarié durant cette période et qu'elle ait cotisé réglementairement soixante jours pendant les trois mois qui ont précédé l'état de grossesse. Pour le calcul du salaire annuel, il est fait état des cotisations payées dans les douze mois antérieurs à cette grossesse.

3. En cas de grossesse pathologique de l'assurée, entraînant application des assurances maladie, invalidité, l'assurance-maladie court à partir de la constatation de l'état morbide. Les dispositions de l'article 10 reçoivent application six mois après l'accouchement.

4. L'assurée qui allaite son enfant et qui remplit les conditions fixées par l'article 5, paragraphe 3, a droit, durant la période d'allaitement et pendant un an au maximum, à une allocation mensuelle spéciale de 100 francs, pendant les deux premiers mois, de 75 francs le troisième, de 50 francs du

quatrième au sixième, de 25 francs du septième au neuvième, de 15 francs du dixième au douzième.

5. L'assurée qui, par suite d'incapacité physique ou de maladie, est dans l'impossibilité constatée par le médecin d'allaiter complètement son enfant peut, si l'enfant est élevé. chez elle, recevoir, pour la durée et pour les quantités indiquées par le médecin, des bons de lait, dont la valeur n'excédera, dans aucun cas, les deux tiers de la prime d'allaitement.

6. Le paiement des allocations ci-dessus visées est subordonné à l'observation, par la bénéficiaire, des prescriptions qui doivent être faites par la caisse d'assurances, notamment en ce qui concerne les visites périodiques à domicile et la fréquentation régulière des consultations maternelles et des consultations de nourrissons.

Risque-invalidité.

Art. 10. — 1. L'assuré qui, à l'expiration du délai de six mois, prévu à l'article 4, ou en cas d'accident, après consolidation de la blessure, reste encore atteint, suivant attestation médicale, d'une affection ou d'une infirmité réduisant au moins des deux tiers sa capacité de travail a droit, d'abord, à titre provisoire, puis, s'il y a lieu, à titre définitif, à une pension d'invalidité.

2. Jusqu'à l'établissement d'un nouveau barème, le degré d'invalidité est estimé provisoirement d'après le barème en usage pour l'application de la loi du 31 mars 1919 sur les pensions, complété ou modifié, par arrêté du ministre du Travail, après avis de la section permanente du conseil supérieur des assurances sociales.

3. Si l'assuré conteste le pourcentage d'incapacité qui lui a été notifié dans les formes à fixer par décret ou si la caisse estime qu'un nouvel examen de son dossier est nécessaire, l'état d'incapacité est apprécié par la commission technique, prévue à l'article 7, paragraphe 3, avec appel devant la section permanente du conseil supérieur des assurances sociales.

4. Pour l'assuré affilié avant l'âge de trente ans, la pension est égale à 40 % au moins du salaire annuel moyen résultant des cotisations obligatoires payées chaque année et depuis l'âge de seize ans, si l'assuré a dépassé cet âge. Ce taux est augmenté, jusqu'à concurrence de 50 %, de 1 % du salaire pour chaque année d'assurance en plus de trente ans et correspondant au minimum de 240 jours de travail.

5. Pour l'assuré qui est immatriculé après trente ans, ladite pension de 40 % est réduite d'un trentième par année ou par fraction d'année d'âge, comprise entre trente ans et l'âge

d'entrée, si l'assuré compte au moins six ans de versements. Dans le cas contraire, les dispositions du paragraphe 7 seront appliquées.

6. Pour l'assuré qui ne compte pas trente années entières d'assurance et qui, après l'âge de trente ans, a interrompu ses versements pendant une année ou plus, la pension d'invalidité est réduite d'un trentième par année d'interruption ou par fractions réunies d'année équivalant au moins à une année entière.

7. Pour les assurés âgés de trente ans ou plus au début de l'application de la loi et qui, depuis sa mise en vigueur, auront effectué chaque année, sur les salaires professionnels qui constituent leurs principales ressources, les versements obligatoires sur la base de deux cent quarante jours par an, la pension ne sera pas inférieure à 1.000 francs, si les intéressés justifient d'au moins six années de versements. Ce chiffre fera diminué de 100 francs par année au-dessous de six, sans que le chiffre de la pension puisse descendre au-dessous de 600 francs ou dépasser les deux tiers du salaire de base. Au delà de six années de versements, la pension sera calculée comme il est dit au paragraphe 5.

8. Quand le salaire est inférieur au minimum visé à l'article 5, le taux servant de base au calcul de la pension sera majoré à l'aide des ressources du fonds de majoration et de solidarité et dans les conditions visées à l'article précité jusqu'à concurrence d'un maximum de 10 % du salaire suivant une échelle inverse au chiffre de celui-ci.

ART. 11. — Pour invoquer le bénéfice de l'assurance-invalidité, l'assuré doit être immatriculé depuis deux ans au moins avant la maladie et par suite posséder à son compte les versements correspondant au moins à quatre cent quatre-vingts jours de travail durant les deux ans précédant le début de l'affection ou l'accident.

ART. 12. — 1. La pension d'invalidité est fixée, à titre provisoire, pour une durée de cinq années.

2. Pendant cette période, l'assuré bénéficie des dispositions de l'article 4, en ce qui concerne les soins médicaux et pharmaceutiques. Les règles fixées par l'article 6, paragraphe 3, sont applicables.

3. Pendant cette même période, et sous peine de voir sa pension suspendue, le pensionné doit se soumettre aux visites médicales qui, à toute époque, peuvent être demandées par la caisse d'assurances. On considérera qu'il y a refus d'examen, si l'invalide ne répond pas à la convocation par lettre recommandée du médecin de la caisse ou s'oppose à la visite de celui-ci, s'il s'agit d'un invalide ne pouvant quitter la chambre.

4. Les frais de déplacement de l'assuré ou du pensionné, qui, pour répondre à la convocation du médecin désigné par la caisse ou de l'expert médical, doit quitter la commune où il réside, sont à la charge de la caisse. Le tarif de ces frais sera fixé par département dans les conditions arrêtées par décret, après avis de la commission tripartite prévue à l'article 7, paragraphe 5.

5. La pension est supprimée si la capacité de travail devient supérieure à 50 %. Cette suppression prend effet de la date de la constatation médicale.

6. A l'expiration de la période provisoire de cinq années et après expertise médicale la pension est consolidée. Toutefois, après un nouveau délai de cinq ans, le pensionné devra, sur la demande de la caisse, se soumettre à une dernière expertise médicale.

7. Si le titulaire d'une pension d'invalidité travaille, la fraction de cotisation affectée à l'assurance-invalidité est portée à un compte individuel d'assurance-vieillesse.

8. Un décret fixera chaque année la fraction de cotisation à affecter à la couverture des pensions d'invalidité, d'après des tables tenant compte de la probabilité d'entrée en invalidité aux divers âges et de la mortalité des invalides.

9. La rente viagère d'assurance-vieillesse du titulaire d'une pension d'invalidité est liquidée, soit normalement à l'âge de soixante ans, soit, avec une réduction, dès la liquidation définitive de la pension d'invalidité en cas d'incapacité permanente et absolue de travail. Elle entre en compte dans le chiffre de la pension d'invalidité.

Risque-vieillesse.

Art. 13. — 1. L'assurance-vieillesse garantit une pension de retraite au salarié, qui a atteint l'âge de soixante ans.

2. L'assuré peut ajourner jusqu'à soixante-cinq ans la liquidation de sa pension. Pour les assurés de la période transitoire, un délai minimum de cinq ans de versements est exigé pour ouvrir le droit à la pension de retraite, sans toutefois que l'entrée en jouissance puisse être retardée au delà de soixante-cinq ans.

Art. 14. — 1. Sur le montant de la double contribution prévue à l'article 2, il est affecté à la constitution d'une rente viagère de vieillesse, au profit de l'assuré, une somme fixée annuellement par décret et qui ne sera pas inférieure à 3,50 % pour les assurés ayant atteint ou dépassé trente ans et à 2 % pour les assurés n'ayant pas atteint cet âge. Les versements sont capitalisés à un compte individuel d'assurance à capital aliéné ou réservé, au gré de l'assuré.

2. Les tarifs d'assurance-vieillesse sont calculés, dans les conditions déterminées par le règlement général d'administration publique, d'après le taux d'intérêt des placements et, provisoirement, suivant la table de mortalité de la population masculine et féminine, établie par la statistique générale de la France, table dite P. M. F.

3. Le taux d'intérêt des tarifs est gradué par chiffre pair de décimes. Les tarifs comportent des prorata au décès. Ils ne comprennent que des âges entiers, les versements étant considérés comme effectués par les intéressés à l'âge qu'ils ont accompli au cours de l'année dans laquelle les versements sont reçus par l'organisme d'assurance.

4. Les tarifs ne comportent par de chargement pour les frais d'administration des divers organismes; ceux-ci sont couverts par le fonds de majoration et de solidarité.

Art. 15. — 1. Pour tout assuré pouvant justifier à l'âge de soixante ans, ou jusqu'à l'âge de soixante-cinq ans, d'au moins trente années entières de versements correspondant chacune à un minimum de deux cent quarante jours de travail, la pension de vieillesse ne sera pas inférieure à 40 % du salaire moyen annuel, résultant des cotisations obligatoires payées chaque année depuis l'âge de seize ans.

2. Quand le salaire est inférieur au minimum visé à l'article 5, le taux servant de base au calcul de la pension sera majoré à l'aide des ressources du fonds de majoration et de solidarité, et dans les conditions fixées à l'article précité, jusqu'à concurrence d'un maximum de 10 % du salaire suivant une échelle inverse au chiffre de celui-ci.

3. Pour les assurés de la période transitoire qui, depuis la mise en vigueur de la loi, auront effectué chaque année sur les salaires professionnels qui constituent leurs principales ressources les versements correspondant au moins à deux cent quarante jours de travail, la pension de vieillesse, calculée conformément aux paragraphes 1 et 2, sera égale à autant de trentièmes de la pension normale que l'assuré aura effectué d'années de versements, sans que le chiffre puisse être inférieur à 600 francs. Pour le calcul du minimum, les versements sont considérés comme effectués à capital aliéné.

4. Les assurés âgés de cinquante cinq à moins de soixante ans au moment de la mise en vigueur de la présente loi peuvent, s'ils ont effectué les versements fixés, tant par la loi du 5 avril 1910 que par la présente loi, et s'ils renoncent au bénéfice du paragraphe 3 du présent article ou de l'article 13, paragraphe 2, obtenir à soixante ans l'allocation viagère de l'État et les bonifications auxquelles ils auraient eu droit sous le régime des retraites ouvrières.

Art. 16. — La pension est payable par trimestre échu. Les arrérages sont dus à partir du premier jour du mois qui suit celui au cours duquel l'assuré a atteint l'âge servant de base à la liquidation.

Art. 17. — L'assuré peut demander la liquidation anticipée de sa pension à partir de l'âge de cinquante-cinq ans, s'il a versé pendant vingt-cinq ans au moins depuis l'âge de seize ans. Toutefois, les minima garantis sont l'objet d'une liquidation ramenée à ce même âge et réduits en conséquence.

Art. 18. — L'assuré qui réclame la liquidation de sa pension de vieillesse à capital aliéné peut demander :

a) D'affecter la valeur du capital de sa rente viagère, pour la partie excédant 1.000 francs, à l'acquisition d'une terre ou d'une habitation, qui deviendra inaliénable et insaisissable dans les conditions déterminées par la législation sur la constitution d'un bien de famille insaisissable. Ce remploi est subordonné à l'acceptation de la caisse d'assurance et doit être effectué sous son contrôle;

b) Que le capital représentatif de sa pension serve à la constitution d'une rente réversible pour moitié sur la tête de son conjoint survivant, avec jouissance pour ce dernier au plus tôt à cinquante-cinq ans. Dans ce cas, la pension subira une réduction qui sera calculée d'après les tables et tarifs déterminés par le règlement général d'administration publique et de telle manière qu'il n'en résulte pour la caisse aucune charge supplémentaire.

Risque-décès.

Art. 19. — 1. L'assurance-décès garantit aux ayants droit de l'assuré le paiement à son décès, d'un capital fixé à 2 % de son salaire annuel moyen, évalué comme il est dit à l'article 10, paragraphe 4.

2. Ce capital ne sera pas inférieur à 1.000 francs, lorsqu'il s'agit d'un assuré qui a régulièrement effectué les versements annuels. Toutefois, ce capital ne pourra dépasser les deux tiers du salaire moyen annuel du décédé.

3. Le versement du capital sera fait au conjoint survivant ou aux descendants ou, à leur défaut, aux ascendants qui étaient, au jour du décès, à la charge de l'assuré.

4. Pour ouvrir le droit à l'assurance-décès, l'assuré doit, depuis la mise en vigueur de la loi, compter au moins une année de versements.

5. Les ayants droit de l'assuré qui est déchu du bénéfice de l'assurance-maladie ne peuvent prétendre aux prestations de l'assurance-décès. Toutefois, ils ont droit au remboursement de la fraction de cotisation affectée à l'assurance-décès pendant l'année qui a précédé le décès.

Charges de famille.

Art. 20. — 1. Les assurances sociales contribuent aux charges de famille de l'assuré, à l'aide d'allocations payées par le fonds de majoration et de solidarité.

2. Par charges de famille, on entend les enfants de plus de six semaines et de moins de seize ans, non salariés, à la charge de l'assuré, qu'ils soient légitimes, naturels, reconnus, recueillis ou adoptifs.

3. Les allocations sont dues en cas de maladie, d'invalidité, de grossesse ou de décès et représentent pour chaque enfant :

1º Une majoration de l'indemnité journalière égale à 50 centimes;

2º Une majoration de pension d'invalidité fixée à 100 francs par an;

3º Une majoration du capital au décès égale à 100 francs.

4. Lorsque, dans une famille, le mari et la femme ont droit en même temps aux prestations des assurances, il n'est attribué qu'une majoration pour charges de famille.

5. Les veuves des assurés ayant au moins trois enfants vivants, légitimes ou reconnus, de moins de treize ans, ont droit à une pension temporaire d'orphelin pour chacun de leurs enfants de moins de treize ans au delà du second.

Lorsque les enfants d'un assuré ou d'une assurée sont orphelins de père et de mère, chacun de ceux d'entre eux qui sont âgés de moins de treize ans a droit à une pension temporaire d'orphelin.

Sont assimilés aux enfants de moins de treize ans, ceux de moins de seize ans pour lesquels il sera justifié qu'il a été passé un contrat écrit d'apprentissage ou qu'ils poursuivent des études dans des établissements d'enseignement publics ou privés ou qu'ils sont infirmes ou atteints d'une maladie incurable, sauf le cas où ils seraient hospitalisés aux frais de l'État, du département ou de la commune.

Ces dispositions ne s'appliquent qu'aux assurés ayant versé au moins une année de cotisation.

6. Les pensions d'orphelins prévues par la présente loi se cumulent avec les allocations de la loi du 14 juillet 1913 et avec celles de la loi du 22 juillet 1923, mais elles ne se cumulent pas avec les pensions versées par l'État, les départements ou les communes aux orphelins de leurs fonctionnaires et employés. Dans le cas, toutefois, où les pensions versées par l'État, les départements ou les communes seraient inférieures aux pensions d'orphelins prévues par la présente loi, les orphelins ou leurs ayants droit recevraient la différence existant entre les deux catégories de pensions.

7. Le montant des pensions d'orphelins prévues par la

présente loi ne peut être inférieur à 90 francs par an et par enfant bénéficiaire de ladite pension.

8. Les pensions d'orphelins ci-dessus visées seront soumises aux règles d'application prévues par le paragraphe 4 de l'article 1 et par les articles 4 et 6 de la loi du 22 juillet 1923.

Chômage.

Art. 21. — 1. La garantie contre le chômage est accordée dans les conditions déterminées ci-après à tout assuré obligatoire de nationalité française ayant un contrat de travail, et se trouvant en état de chômage involontaire par manque de travail.

2. Elle assure, pour une durée maximum de trois mois par période de douze mois, le versement des cotisations de 10 % du salaire calculé suivant les règles établies par l'assurance-maladie.

Art. 22. — 1. Pour être admis au bénéfice de la garantie contre le chômage, l'assuré devra compter, immédiatement avant la période de chômage, une année entière d'affiliation ininterrompue aux assurances sociales et remplir les mêmes conditions de cotisations que celles imposées pour l'assurance-maladie.

2. L'assuré en chômage est maintenu dans ses droits à l'assurance pendant une période de six mois. Ces droits sont rapportés pour les trois premiers mois au salaire moyen antérieur au chômage et pour les trois derniers mois à la moitié de ce salaire moyen.

Art. 23. — 1. La garantie contre le chômage est assurée au moyen d'un prélèvement de 1 % sur les versements opérés en vertu de l'article 2 de la présente loi.

2. Les ressources ainsi produites seront affectées au fonds de majoration et de solidarité, à un compte spécial financièrement et juridiquement séparé des autres ressources des assurances sociales.

3. Les cotisations ne seront versées que dans les limites des ressources prévues au paragraphe 1 et seront éventuellement l'objet d'une réduction proportionnelle.

4. En outre, lorsque le compte spécial prévu au paragraphe 2 ci-dessus présentera un solde actif supérieur au total des versements reçus au cours de la dernière année inventoriée, il pourra, sur l'excédent et après avis de la section permanente du conseil supérieur des assurances sociales, être alloué des subventions aux institutions et aux caisses visées à l'article 24 ci-après. Le montant de ces subventions ne pourra dépasser 33 % des allocations payées au cours de la dernière année par ces mêmes caisses ou institutions.

Art. 24. — Pourront être autorisés à pratiquer le service de la garantie contre le chômage :

1° Les fonds de chômage créés par les départements et les communes;

2° Les caisses spéciales annexées à un syndicat professionnel, à une union de syndicats de même profession ou industrie, ou à une société de secours mutuels composée de membres exerçant en majorité la même profession ou industrie et constituée conformément aux dispositions de la loi du 21 mars 1884, modifiée par celle du 12 mars 1920 et la loi du 1er avril 1898, ou à une caisse d'assurance ou de réassurance mutuelle agricole régie par la loi du 4 juillet 1900.

Art. 25. — 1. L'office central et les offices régionaux de la main d'œuvre sont chargés du contrôle : a) des institutions et caisses visées à l'article 24 et admises à recevoir des subventions; b) des assurés en chômage.

2. Un règlement d'administration publique déterminera les mesures d'application des dispositions prévues aux articles 21 à 25 inclus et notamment les conditions et délais d'inscriptions des chômeurs à l'office de placement, les obligations des chômeurs en ce qui concerne leur participation aux travaux de secours, les conditions d'organisation, d'autorisation et de fonctionnement des institutions ou caisses de garantie contre le chômage ainsi que les mesures de contrôle auxquelles elles seront soumises.

TITRE II.

DES CAISSES D'ASSURANCES

Art. 26. — 1. La gestion des assurances sociales est confiée dans chaque département à une caisse départementale unique qui doit ouvrir un compte à tout assuré immatriculé et à des caisses primaires. Ces organismes qui fonctionnent dans le cadre départemental sont constitués et administrés conformément aux prescriptions générales de la loi du 1er avril 1898 sur les sociétés de secours mutuels, sous réserve des dispositions de la présente loi. Ils fonctionnent, pour la couverture des risques et l'attribution des prestations, dans les conditions de la présente loi.

2. Les caisses primaires ont pour objet ou la maladie, la maternité, les soins aux invalides et le décès, ou la maladie, les soins aux invalides et le décès, ou la maternité ou, s'il y a lieu, et, seulement pour les caisses existant six mois avant la mise en application de la présente loi et visées à l'article 26 (§ 4) et à l'article 44, soit la vieillesse, soit la vieillesse et l'invalidité si elles groupent au moins 100.000 assurés. Les sociétés ou unions de sociétés régies par la loi du 1er avril

1898, les syndicats professionnels et unions de syndicats régulièrement constitués, en application de la loi du 21 mars 1884, ainsi que les caisses d'assurances ou de réassurances mutuelle agricoles visées par la loi du 4 juillet 1900 peuvent fonder une caisse primaire pour les assurés appartenant à ces organismes et les membres de leur famille. Les assurés peuvent se grouper spontanément pour la création d'une caisse primaire. Les caisses primaires doivent assurer soit directement, soit par l'intermédiaire de sections locales le service local des prestations. Toutefois, lorsqu'elles sont fondées par des caisses de réassurances constituées en application de la loi du 1er avril 1898 ou de la loi du 4 juillet 1900 elles sont admises à assurer ce service par l'intermédiaire des organismes locaux affiliés auxdites caisses de réassurance.

3. L'assuré qui, six mois avant la mise en application de la loi, appartiendra en qualité soit de membre participant, soit de membre honoraire, à une société de secours mutuels fonctionnant dans les conditions de la loi du 1er avril 1898 est présumé, sauf désignation contraire de sa part dans un délai de deux mois, faire choix de la caisse primaire à laquelle cette société, ou l'union dont elle fait partie, se rattache par un lien effectif. Si l'assuré est affilié à plusieurs sociétés de secours mutuels, il indique éventuellement celle dont il entend dépendre pour la présomption d'affiliation.

4. Les caisses mutualistes de retraites ouvrières constituées en application de la loi du 5 avril 1910 et les caisses autonomes de la loi du 1er avril 1898 pourront être admises à pratiquer, comme caisses primaires, les assurances vieillesse et invalidité. Les caisses de retraites ouvrières visées aux alinéas 3 et suivants de l'article 14 de la loi du 5 avril 1910 pourront, à cet effet, soit se transformer en caisse primaire admise à pratiquer les assurances vieillesse et invalidité, soit fusionner avec une caisse existante, mais devenue caisse primaire d'assurances vieillesse et invalidité, soit enfin être absorbées par les caisses départementales. Dans les deux premiers cas, leurs adhérents bénéficient de la présomption d'affiliation prévue au paragraphe précédent.

5. Les caisses primaires sont administrées à l'origine par le conseil d'administration de l'organisme qui les constitue jusqu'à la tenue de la première assemblée générale des membres participants et honoraires, laquelle élit, dans un délai de trois mois, le conseil d'administration de la caisse. Font partie de cette assemblée générale à la fois les assurés et les membres qui participent aux autres services mutualistes de l'organisme constitutif. Les assurés participant à ces services ont droit à une voix supplémentaire pour les élections au conseil d'administration.

6. La caisse départementale est administrée à l'origine par un conseil de direction de dix-huit membres dont six sont désignés par l'union départementale des sociétés de secours mutuels, six par les caisses mutuelles agricoles, six par les syndicats professionnels ouvriers. Il est procédé, dans un délai de trois mois, par la première assemblée générale des délégués des assurés, à l'élection du conseil d'administration. Ce conseil est désigné d'après les règles de la représentation proportionnelle.

7. Le conseil d'administration de la caisse départementale et des caisses primaires doit comprendre dix-huit membres au moins, dont la moitié au moins d'assurés élus, et, à titre de membres honoraires admis par l'assemblée générale avec ou sans paiement de cotisation, deux praticiens choisis sur une liste présentée par les syndicats professionnels prévus à l'article 4 et, sauf dans les caisses primaires fondées par les assurés, au moins six employeurs choisis sur une liste présentée par les employeurs d'assurés adhérents à la caisse ou qui en dépendent.

8. Les caisses départementales et primaires n'ont pour objet que les assurances sociales instituées par la présente loi. Toutefois, les caisses départementales peuvent gérer les versements effectués pour l'assurance-vieillesse par les membres des mutualités scolaires âgés de moins de quinze ans. Les caisses départementales assurent le service des prestations soit par leurs sections locales, soit par des sociétés de secours mutuels, soit par l'intermédiaire des caisses primaires.

9. Le bénéfice de l'article 40 de la loi du 1er avril 1898 est étendu aux caisses d'assurances et de réassurances mutuelles agricoles régies par la loi du 4 juillet 1900.

Art. 27. — 1. Les caisses départementales et primaires doivent préalablement à leur fonctionnement être agréées par l'office national des assurances sociales, conformément aux dispositions déterminées par le règlement général d'administration publique qui fixera également les conditions à remplir par les sections locales d'attribution de prestations.

2. En cas de refus d'agrément d'une caisse dans les trois mois de la demande, un recours peut être formé devant le conseil d'État, sans ministère d'avocat et avec dispense de tout droit, dans le délai de deux mois après la notification de l'office national.

3. Lorsqu'une caisse départementale ou primaire cesse de remplir ses engagements ou les conditions auxquelles est soumis son fonctionnement ou lorsque des irrégularités ou un défaut d'équilibre sont constatés, l'agrément peut être retiré par décret rendu sur la proposition du ministre du Travail à la demande de l'office national et conformément à

l'avis de la section permanente du conseil supérieur des assurances sociales et sauf recours devant le conseil d'État.

ᵢArt. 28. — 1. La caisse départementale transfère aux caisses primaires, pour chacun des adhérents à ces caisses, la portion de cotisation afférente aux risques qu'elles sont autorisées à couvrir et sous réserve de l'application des articles 32, 69 et 70. Elle reste responsable des opérations effectuées par les caisses primaires.

· 2. La caisse départementale rétrocède aux caisses primaires, ainsi qu'aux sociétés ou sections locales chargées du service des prestations, une partie des remises de gestion qu'elle reçoit, dans les conditions fixées par décret rendu sur la proposition du ministre du Travail après avis de l'office national des assurances sociales.

3. Les caisses départementales peuvent se grouper en unions régionales et en une fédération nationale, notamment en vue de réaliser des œuvres d'intérêt commun, telles que : organisations d'hygiène sociale, établissements de prévention et de cure, sanatoriums, dispensaires, maisons de convalescence et de retraite.

Art. 29. — 1. Les caisses d'assurances doivent ouvrir des comptes spéciaux : 1º à l'assurance-maladie; 2º aux soins aux invalides; 3º à l'assurance-maternité; 4º à l'assurance-décès; 5º à l'assurance-invalidité; 6º à l'assurance-vieillesse; 7º à la garantie contre le chômage; 8º aux charges de famille.

2. Les caisses départementales et leurs unions et les caisses primaires jouissent de la personnalité civile. Elles ont une personnalité juridique distincte de la société ou de l'union de sociétés qui les ont formées. Elles sont représentées en justice par un représentant légal désigné dans les conditions fixées par le règlement général d'administration publique. Elles fonctionnent sous la surveillance et le contrôle de l'office national des assurances sociales, indépendamment du contrôle de l'État qui est exercé par le service du contrôle général du ministère du Travail et par les représentants du ministère des Finances. L'office national donnera communication à la caisse générale de garantie des rapports relatifs à la situation financière des caisses.

3. Un décret rendu sur la proposition des ministres du Travail et des Finances fixe les règles relatives à la comptabilité des caisses d'assurances et de leurs unions, à l'établissement de leur situation active et passive.

4. Les caisses ne peuvent, en aucun cas, allouer un traitement à leurs fondateurs et administrateurs. Il ne sera accordé de traitement qu'aux agents et employés des caisses.

5. Elles ne peuvent, en aucun cas, affecter à la gestion un pourcentage de frais supérieur à celui qui sera fixé, pour les

diverses caisses, par décret rendu sur la proposition du ministre du Travail dans la limite d'un maximum égal à 3,50 % des cotisations reçues.

Art. 30. — 1. Les caisses d'assurances doivent déposer, soit à la caisse des Dépôts et Consignations, soit à la Banque de France, les sommes qui dépassent le chiffre de l'encaisse qu'elles sont autorisées à conserver. La Caisse des Dépôts en fait emploi dans les conditions prévues à l'article 31 ci-après; elle garde en dépôt le portefeuille desdites caisses.

2. Les sommes non employées sont versées en compte courant au Trésor, dans les limites d'un maximum et à un taux d'intérêt fixés annuellement par la loi de Finances.

3. Les sommes déposées par les divers organismes, en application de la présente loi, à la Caisse des Dépôts et Consignations, ne donnent pas lieu aux bonifications d'intérêt ou majorations pouvant résulter d'autres lois.

4. Le règlement général d'administration publique déterminera les mesures d'exécution relatives à la gestion financière des fonds des caisses d'assurances.

Art. 31. — 1. Les disponibilités des caisses d'assurances sont employées en tenant compte de la nature et de l'importance des risques assurés par les caisses :

1° En valeurs d'État ou jouissant de la garantie de l'État, en obligations foncières ou communales du Crédit foncier et en obligations des grandes compagnies de chemins de fer d'intérêt général;

2° Jusqu'à concurrence de moitié et sur la désignation des caisses;

a) En prêts aux départements, communes, colonies, pays de protectorat, établissements publics, chambres de commerce et chambres d'agriculture ou en valeurs jouissant de la garantie de ces établissements;

b) En prêts aux offices, sociétés et fondations d'habitations à bon marché et sociétés de crédit immobilier dans les conditions prévues par la loi du 5 décembre 1922 sur les habitations à bon marché et la petite propriété et aux sociétés et institutions prévues par la loi du 5 août 1920 sur le crédit mutuel et la coopération agricoles, ainsi qu'aux institutions de prévoyance et d'hygiène sociales reconnues d'utilité publique;

c) En souscriptions de bons et d'obligations de la caisse nationale de crédit agricole, ainsi qu'en souscription d'actions, d'obligations et de parts des sociétés visées par la loi du 5 décembre 1922 sur les habitations à bon marché et la petite propriété, et par la loi du 5 août 1920 sur le crédit mutuel et la coopération agricoles. Les actions et les parts ainsi acquises devront être entièrement libérées et leur montant ne devra pas dépasser les deux tiers du capital des sociétés ci-dessus susceptibles d'obtenir une subvention de l'État ou de la caisse nationale de crédit agricole dans les conditions prévues par la loi du 2 décembre 1922 ou par la loi du 5 août 1920;

d) En acquisitions de terrains ou d'immeubles, soit pour la construction ou l'aménagement d'établissements de prévention ou de cure, soit, sous réserve d'acceptation de la caisse générale de garantie, pour le fonctionnement de la caisse d'assurances;

e) En acquisitions de terrains à reboiser ou de forêts existantes, après avis favorable du conseil supérieur des assurances sociales;

f) Enfin, en toutes valeurs reçues en garantie par la Banque de France, ainsi qu'en première hypothèque sur la propriété en France jusqu'à concurrence d'un montant global de 50 % de la valeur de l'immeuble, sous réserve d'acceptation de la caisse générale de garantie.

En ce qui concerne les placements prévus aux alinéas *a, b, c, d, e, f*, le taux d'intérêt consenti ne peut être inférieur à un taux minimum fixé, au début de chaque année, par un décret rendu sur la proposition des Ministres des Finances et du Travail, après avis de l'office national des assurances sociales.

2. Tous les actes relatifs aux prêts dont il s'agit sont exempts des droits de timbre, d'enregistrement et de la taxe hypothécaire.

ART 32. — 1. Sur le montant des cotisations qui doivent revenir aux caisses primaires pour les services de répartition, c'est-à-dire pour les assurances maladie, maternité et décès et les prestations en nature afférentes au risque-invalidité, la caisse départementale retient, à titre de réassurance et de compensation, 10 %.

2. La caisse départementale cède au fonds de garantie et de compensation 5 % de l'ensemble des cotisations affectées à ces risques.

ART. 33. — 1. Sur les excédents annuels de recettes afférents aux services de répartition seront effectués les prélèvements obligatoires ci-après : 1º 20 % au profit du fonds de réserve générale propre à chaque caisse, jusqu'à ce que la valeur de ce fonds atteigne une somme égale au produit des cotisations de la dernière année inventoriée; 2º 3 % au profit du fonds de majoration et de solidarité; 3º 2 % au profit du fonds de garantie et de compensation.

2. Sur les excédents d'actif ressortant du bilan, des prélèvements pourront, à partir de la dixième année, être effectués par les caisses dont l'actif dépassera le passif de 10 % au moins pour la vieillesse et de 30 % au moins pour l'in-

validité, sans que ces prélèvements puissent jamais abaisser ces excédents au-dessous de ces limites. Sur chaque prélèvement, il sera réservé une fraction de 6 % au profit du fonds de majoration et de solidarité et une fraction de 4 % au profit du fonds de garantie et de compensation.

3. Le solde peut être affecté, en tout ou en partie, à une augmentation temporaire des prestations de la caisse, tout d'abord à l'attribution de primes d'allaitement et de bons de lait aux femmes non assurées des assurés, à une diminution du pourcentage mis à la charge des assurés pour les frais médicaux et pharmaceutiques et notamment pour la maternité, à une participation plus élevée aux frais médicaux et pharmaceutiques à prévoir en faveur des retraités par le fonds de majoration ou de solidarité, à des allocations supplémentaires pour ascendants ou enfants âgés de plus de seize ans à la charge de l'assuré, ou à la constitution de réserves propres à régulariser ces augmentations.

4. Les caisses d'assurances peuvent également employer leur solde soit à créer ou développer des œuvres de maternité et d'enfance, des hôpitaux, sanatoriums, préventoriums, dispensaires, maisons de convalescence ou de retraite et autres institutions d'hygiène sociale et de prophylaxie générale.

5. Si l'établissement des comptes fait apparaître un déficit, il peut y être fait face par un prélèvement sur les réserves créées à cet effet et sur le fonds de réserve générale; toutefois, pour couvrir le déficit d'un exercice, il ne pourra être fait appel qu'à la moitié de ce dernier fonds.

6. Des avances remboursables dans les conditions à fixer par décret rendu sur la proposition des ministres du Travail et des Finances, après avis de l'office national des assurances pourront être consenties à la caisse, dont la situation est déficitaire, par la caisse générale de garantie, qui peut prendre à son égard toutes mesures de contrôle jugées utiles, poursuivre les administrateurs comme civilement responsables de leur mauvaise gestion et élever de 5 % le montant du versement prévu à son profit par l'article 32.

7. Les excédents, le solde ou le déficit susvisés sont ceux que font apparaître les résultats de la situation annuelle arrêtée par le conseil d'administration de la caisse dans les conditions fixées selon les dispositions de l'article 29, paragraphe 3.

8. Les prestations prévues par la présente loi sont garanties seulement dans la limite de ses ressources.

Si, malgré l'application normale des prescriptions légales, il était constaté qu'il s'établit une insuffisance dépassant à la fois les possibilités financières des caisses d'assurances et

les disponibilités à provenir de la réassurance de solidarité
instituée par l'article 32 ci-dessus, un décret rendu en con-
seïl d'État, sur la proposition des ministres du Travail et
des Finances et apr.ès avis du conseil supérieur des assurances sociales pourrait, pour une durée déterminée : *a*) réduire, dans la limite d'un maximum de 10 % pour une ou
plusieurs caisses ou pour l'ensemble des caisses, le taux des
prestations ou rendre plus rigoureuses les conditions d'obtention afférentes à un ou plusieurs risques; *b*) ensuite, aug-
menter, jusqu'à concurrence d'un maximum de 1 %, chacune des contributions ouvrière et patronale, avec affectation pour deux tiers à la garantie complémentaire d'un ou
de plusieurs risques et pour un tiers à la mise en réserve au
fonds de majoration et de solidarité des ressources ainsi
créées.

9. L'exécution de la loi sur les assurances sociales ne devra,
en aucun cas, imposer au budget général, ainsi qu'aux budgets des départements et des communes, des charges supérieures à celles qui sont prévues dans la présente loi.

Art. 34. — 1. Toute caisse élabore un règlement d'administration intérieure relatif aux formalités que doivent remplir les intéressés pour bénéficier des prestations de l'assurance. Ce règlement comporte des dispositions communes à
toutes les caisses, fixées par le règlement général d'administration publique, et des dispositions spéciales à chaque caisse.
Il doit prévoir les conditions suivant lesquelles seront assurées les prestations-maladie au cas où le salarié malade est
logé ou nourri par son employeur.

2. Il doit être approuvé par l'office national des assurances
sociales.

Art. 35. — 1. L'adhésion de l'assuré à une caisse d'assurances est valable pour deux ans, sauf le cas où il change de
lieu de travail. Elle ne peut produire effet, au regard de la
nouvelle caisse qu'il désigne, qu'autant que les conditions
légales de taux et de durée de versements fixées pour chaque
risque ont pu être remplies par l'assuré.

2. Lorsqu'un assuré change de caisse, la couverture ou
réserve mathématique afférente à ses droits d'invalidité ou
à son compte de vieillesse doit être transférée à celle qu'il
choisit. Toutefois, la caisse ancienne reste responsable de la
totalité des prestations au profit de l'assuré ou de ses ayants
droit, tant que l'assuré ne peut se trouver régulièrement
garanti par la nouvelle caisse.

3. La couverture ou réserve mathématique qui doit entrer
en compte dans ces cessions est calculée conformément aux
décisions de l'office national des assurances sociales.

Art. 36. — 1. Pour couvrir leurs frais de premier établissement, des avances remboursables peuvent, à partir de la promulgation de la présente loi, être consenties par le Trésor aux caisses d'assurances, à la caisse générale de garantie et aux offices ou services d'assurances. Un décret déterminera, dans chaque cas, le maximum desdites avances remboursables.

2. Ces avances seront, dans l'année de la mise en vigueur de la loi, remboursées au Trésor par la caisse générale de garantie. Cet établissement en récupérera le montant dans un délai qui ne pourra excéder quinze ans, par annuités égales, calculées suivant un taux d'intérêt qui sera fixé par décret rendu sur la proposition des ministres du Travail et des Finances.

TITRE III

ASSURANCE FACULTATIVE.

Art. 37. — 1. Les fermiers, cultivateurs, métayers non visés à l'article 1er, artisans, petits patrons, les travailleurs intellectuels non salariés et, d'une manière générale, tous ceux qui, sans être salariés, vivent principalement du produit de leur travail, à la condition qu'ils soient de nationalité française et que le produit annuel de leur travail n'excède pas 18.000 francs, ainsi que les assurés visés à l'article 43, paragraphes 2 et 4, peuvent être admis facultativement en opérant des versements à l'une des caisses visées par les articles 26 et 44, dans les conditions énumérées par le présent titre, au bénéfice des assurances sociales.

2. Le maximum de 18.000 francs est augmenté de 2.000 fr. par enfant, à partir du deuxième, de moins de seize ans, à la charge de l'assuré, au sens de l'article 20. Il est diminué de 3.000 francs pour les assurés sans enfant à charge. Le chiffre limite est, sous ces réserves, augmenté de 1.000 francs pour les assurés provenant de l'assurance obligatoire.

3. L'assurance facultative est pratiquée par la caisse départementale. Elle peut l'être par les caisses primaires.

Art. 38. — 1. Pour être admis dans l'assurance facultative, l'assuré doit être âgé de moins de cinquante ans et n'être atteint, d'après attestation médicale, d'aucune maladie aiguë ou chronique, ni d'aucune invalidité totale ou partielle susceptible d'élever sa morbidité. Toutefois, ces conditions ne s'appliquent pas, pour l'assurance-vieillesse, aux assurés facultatifs des retraites ouvrières inscrits depuis plus d'un an et à jour de leurs versements à la date de la promulgation de la présente loi.

2. L'entrée en jouissance de la retraite-vieillesse est fixée à soixante ans et après une durée minimum de dix ans de versements. Toutefois, les dispositions de l'article 17 relatives à la liquidation anticipée peuvent être appliquées.

3. L'assuré fixe sa cotisation, à son choix, entre 5 et 10 % de son gain annuel, mais sans que le montant de la cotisation puisse être inférieur à 300 francs par an, payable au moins par trimestre.

4. Le revenu annuel des assurés facultatifs est déterminé d'après les évaluations qui servent de base à l'impôt sur le revenu et, en cas de non-assujettissement audit impôt, d'après les déclarations de l'intéressé. Il pourra être, le cas échéant, pour les fermiers, métayers et cultivateurs, déterminé forfaitairement d'après les chiffres fixés par arrêté préfectoral concernant la nature des hectares cultivés. Un décret fixera les conditions dans lesquelles sera pris cet arrêté.

Art. 39. — 1. Les prestations de la caisse d'assurances sont fixées d'après un tarif approuvé par l'office national des assurances sociales, donnant, par âge à l'entrée dans l'assurrance, le montant des cotisations à payer pour avoir droit à des prestations de base. Aucune dérogation ne peut être apportée à ce tarif.

2. Les caisses peuvent admettre des assurés facultatifs qui sont garantis pour la totalité ou une partie des risques visés à l'article 1 de la présente loi.

3. Elles ne peuvent assurer des indemnités de maladie supérieures à 25 francs par jour ouvrable, un capital au décès supérieur à 3.600 francs, une rente d'invalidité ou de vieillesse supérieure à 8.000 francs. L'assurance-maladie cesse, en tout état de cause, à soixante-cinq ans.

Art. 40. — 1. Les caisses établissent, avec l'approbation de l'office national des assurances sociales, un règlement fixant les conditions d'admission des assurés facultatifs et, notamment, de la visite médicale qu'ils doivent subir, les conditions et délais de paiement des cotisations, les sanctions en cas de non paiement, le service des prestations-maladie lorsque l'assuré est logé ou nourri.

2. En ce qui concerne les assurances décès, invalidité, vieillesse, l'assuré ne peut être entièrement déchu de ses droits; son contrat doit conserver une valeur de réduction en rapport avec sa réserve mathématique.

3. Le règlement ne peut consentir aux assurés aucune valeur de rachat de leur contrat.

Art. 41. — 1. Sur le quantum des cotisations, il est effectué un prélèvement de 10 %, versé au fonds de majoration et de solidarité, et destiné à majorer le capital assuré au décès et les rentes d'invalidité et de vieillesse. La majoration ne peut dépasser celle qui serait allouée aux assurés obligatoires dans les mêmes conditions d'âge et de nombre de versements. Elle est fixée par décret chaque année.

2. Les assurés facultatifs ont droit aux majorations pour

-charges de famille, dans les conditions fixées pour les assurés obligatoires. Les dépenses afférentes à ces majorations sont imputées au fonds de majoration et de solidarité qui tient, pour l'assurance facultative, un compte spécial où est versé un prélèvement analogue à celui demandé aux assurés obligatoires.

3. Sur les ressources du fonds de majoration et de solidarité, il est réservé annuellement, en faveur des assurés facultatifs, une somme qui ne peut être inférieure à cinq millions de francs.

Art. 42. — 1. L'assurance facultative donne lieu, au sein des caisses, à une comptabilité distincte des opérations de l'assurance obligatoire. Un versement de 2 °/₀₀ des primes est effectué au fonds de garantie géré par la caisse générale de garantie.

2. Les dispositions des articles 32, 33, 34 et 35 de la présente loi s'appliquent à l'assurance facultative.

Art. 43. — 1. Si, au cours d'assurance facultative, le produit du revenu annuel vient à dépasser le maximum susvisé, il est notifié à l'assuré que, dans un délai de six mois à compter de la notification, il cessera de bénéficier de l'assurance-maladie et que les cotisations qu'il continuera à verser seront affectées en totalité aux assurances décès, invalidité, vieillesse, à moins qu'il ne préfère réduire sa cotisation du montant correspondant à la quotité affectée à l'assurance-maladie.

2. Il est également notifié à l'assuré obligatoire dont le salaire vient à dépasser la limite fixée par l'article 1, qu'à partir du 1ᵉʳ janvier suivant, il cessera d'être affilié à l'assurance obligatoire; il pourra, dès lors, bénéficier de l'assurance facultative dans les conditions du paragraphe 2 de l'article 37. La réserve mathématique afférente à son compte individuel de retraite est versée à son compte dans l'assurance facultative. Pour la liquidation des rentes invalidité et vieillesse, il a droit à une fraction de la majoration éventuelle concédée aux assurés obligatoires dans la proportion du nombre de trentièmes qu'il a passé d'années dans cette assurance.

3. Les assurés facultatifs qui deviennent des salariés ont droit au maintien de leurs droits acquis dans l'assurance facultative. La réserve mathématique afférente à leur contrat en ce qui concerne le décès, l'invalidité et la vieillesse est versée à leur nouveau compte d'assurance obligatoire. Ils ont droit aux majorations dans les conditions indiquées.

4. a) Les femmes non salariées des assurés obligatoires ou facultatifs sont admises, à leur choix, au bénéfice de l'assurance facultative ou à celui de l'assurance spéciale définie

comme suit, à la condition de réclamer leur inscription dans le délai de six mois à partir de la mise en application de la présente loi, ou de la célébration de leur mariage si elles sont âgées de moins de trente-cinq ans ou de leur sortie de l'assurance obligatoire. Pour l'assurance spéciale, elles sont considérées comme des assurés obligatoires recevant un salaire annuel supposé de 1.200 francs, sauf les différences ci-après. Leur cotisation est fixée à 10 francs par mois. Elles n'ont pas droit aux indemnités journalières prévues à l'article 5, paragraphe 1, et n'ouvrent pas droit au minimum de 1.000 francs garanti en cas de décès. L'attribution d'une pension d'invalidité ne joue qu'en cas d'incapacité totale de vaquer aux soins du ménage. La moitié de la cotisation est affectée à la constitution d'une rente de vieillesse, capitalisée à un compte individuel. Le minimum garanti pour la pension d'invalidité ou de vieillesse en période transitoire (art. 10 paragraphe 7, et 15, paragraphe 3) est fixé à 250 francs et accordé dans les mêmes conditions de nombre et de durée de versements;

b) Les femmes ainsi assurées, qui deviennent veuves ou divorcées, peuvent continuer à bénéficier de l'assurance spéciale. Elles ont la faculté de conserver pour elles et leurs enfants le droit aux prestations en nature dont elles bénéficiaient antérieurement du chef de leur conjoint, moyennant le versement d'une cotisation supplémentaire, indépendante du nombre des enfants, et dont le montant sera fixé annuellement par décret;

c) Les caisses d'assurance tiennent un compte spécial des opérations relatives à cette catégorie d'assurance des femmes.

TITRE IV

DISPOSITIONS TRANSITOIRES.

Art. 44. — 1. A partir de la mise en application de la présente loi, les caisses de retraites existantes dont le service incombe à l'employeur, les caisses précédemment organisées même sous forme d'associations ou de sociétés civiles par les patrons avec ou sans le concours des ouvriers et employés, les caisses de retraites autorisées conformément à la loi du 27 décembre 1895 et celles qui se sont conformées aux dispositions de l'article 29 de la loi du 5 avril 1910 ou de l'article 96 du décret du 25 mars 1911 pourront être autorisées, par décret rendu sur la proposition du ministre du Travail, à continuer leurs opérations s'il résulte d'un inventaire technique que leur situation financière suffit à garantir leurs engagements antérieurs et, comme caisses primaires, à assurer, au profit du personnel soumis aux obligations légales, les prestations découlant de la présente loi. Ces caisses, ainsi que les caisses mutualistes et autonomes visées à l'article 26, §§ 2 et 4, de la présente loi, pourront, à titre exceptionnel, et seulement pour les risques vieillesse et invalidité, après avis du conseil supérieur des assurances sociales, avoir des sections locales en dehors du département du siège social.

2. La caisse nationale des retraites pour la vieillesse est autorisée à créer, dans le cadre départemental, à titre de caisses primaires de vieillesse et d'invalidité, des sections d'assurés, dont le conseil d'administration comprendra au moins la moitié d'assurés élus et cinq employeurs. Le règlement général d'administration publique fixera les conditions d'application du présent alinéa.

3. L'institution des assurances sociales ne peut avoir pour conséquence la diminution ou la suppression des prestations de même nature déjà accordées à des salariés en vertu du contrat de travail ou d'un règlement de retraite. Toutefois, les employeurs et leur personnel sont autorisés à réduire d'un commun accord leurs contributions telles qu'elles sont prévues par lesdits contrat et règlement, à concurrence des fractions de cotisations affectées, en vertu de la présente loi, à la couverture des risques contre lesquels ces assurés sont déjà garantis. A défaut d'entente entre les employeurs d'une part et la majorité des ouvriers et employés d'autre part, il y a lieu à recours devant une commission arbitrale, dans les conditions à fixer par le règlement général d'administration publique sur la base des dispositions arrêtées par la loi du 5 avril 1910 (art. 31 et suivants).

4. Le règlement général d'administration publique déterminera les règles de liquidation des caisses qui ne seront pas autorisées.

5. Les dispositions prévues par les articles 64 à 66 sont applicables aux administrateurs ou directeurs de caisses qui continueraient à fonctionner sans y avoir été dûment autorisées.

Art. 45. — 1. Les caisses d'assurances visées à l'article 14 de la loi du 5 avril 1910 devront arrêter leur situation au regard de l'application de ladite loi.

2. Le paiement des pensions acquises ou en cours d'acquisition ainsi que des allocations ou bonifications à la charge de l'État, sera effectué par la caisse d'assurances sociales ayant pris la suite des opérations de la caisse de retraites ouvrières, lorsqu'il s'agit d'assurés qui avaient leur compte ouvert à cette dernière et par la caisse nationale des retraites, section des retraites ouvrières, dans tous les autres cas.

La caisse nationale des retraites pour la vieillesse restera débitrice des rentes éventuelles correspondant aux versements reçus par elle en application de la loi sur les retraites ouvrières. Toutefois, ces rentes seront servies par l'intermédiaire de la caisse d'assurances sociales à laquelle seront affiliés les bénéficiaires. Ladite caisse continuera de payer directement les rentes qu'elle aura liquidées antérieurement à la mise en vigueur de la présente loi, ainsi que les allocations et bonifications de l'État correspondantes, lesquelles lui seront remboursées par la caisse générale de garantie.

3. Le compte de leurs excédents d'actif sera arrêté à la date de mise en application de la présente loi et son montant sera dévolu dans les conditions déterminées par le règlement général d'administration publique, lequel fixera en outre les règles relatives à leur liquidation et à leur transformation éventuelle en caisses d'assurances sociales. La moitié de ces excédents d'actif, dans la forme où ils se trouvent dans la caisse liquidée, devra être attribuée au fonds de majoration et de solidarité, où ils seront répartis entre les comptes d'assurance obligatoire et d'assurance facultative, proportionnellement à l'importance de ces deux assurances dans la caisse des retraites dont ces excédents proviennent.

4. Toutefois, les excédents d'actif de la section des retraites ouvrières de la caisse nationale des retraites feront l'objet, pour la partie dépassant de 10 % le passif, de versements fractionnés à la caisse générale de garantie dans les conditions déterminées par le règlement général d'administration publique.

5. À la clôture des opérations de liquidation de la loi des retraites ouvrières, tant de la section spéciale que des autres caisses visées au paragraphe 2 du présent article, le solde de l'actif sera versé à la caisse générale de garantie.

6. Les insuffisances d'actif sont prises en compte par la caisse d'assurance qui recueille la suite des opérations de la caisse de retraites ouvrières.

Art. 46. — 1. Dès la mise en application de la présente loi, le fonds de réserve visé par l'article 16 de la loi du 5 avril 1910 sur les retraites ouvrières sera transféré au fonds de majoration et de solidarité.

2. Les intéressés devront réclamer, dans le délai de deux ans, les versements effectués à leur nom par les employeurs, en application de l'article 23 de la loi du 5 avril 1910, modifié par l'article 266 de la loi de finances du 13 juillet 1925.

3. Par application des dispositions du paragraphe 3 de l'article 1 de la présente loi, les employeurs seront tenus, sous les sanctions prévues à l'article 64, de fournir, dans les deux mois précédant la date de la mise en application de la loi, les

renseignements nécessaires à l'affiliation des salariés employés par eux au jour de ladite promulgation.

Art. 47. — 1. Les assurés obligatoires de la loi des retraites ouvrières et paysannes, inscrits au moins un an avant la date de promulgation de la présente loi, qui ont opéré sur leurs cartes annuelles successives des versements dont le total atteint au moins les trois cinquièmes des cotisations prévues à l'article 4, § 2, de la loi du 5 avril 1910 modifiée et dont les versements échus pour l'année en cours ont été régulièrement effectués, sont, dès le début de l'application de la présente loi, admis, s'ils sont assurés obligatoires, au bénéfice de l'assurance contre le risque maladie et aussi contre le risque invalidité qui en serait la conséquence. S'ils n'ont pas demandé la liquidation de leurs droits, en vertu de la loi des retraites ouvrières, ils pourront se prévaloir, à soixante-cinq ans, des dispositions de l'article 15, § 4.

2. Les assurés obligatoires de la loi des retraites qui décéderaient au cours de la première année d'application de la présente loi et avant de remplir les conditions fixées par le paragraphe 4 de l'article 19 ouvriront à leurs ayants cause le droit aux allocations prévues à l'article 6 de la loi du 5 avril 1910 modifiée, dans les conditions prévues audit article.

3. A partir du sixième mois qui suivra la promulgation du règlement général d'administration publique, il ne sera plus délivré de cartes annuelles d'échange des retraites ouvrières, ni procédé à aucune inscription nouvelle en vertu de la loi du 5 avril 1910. La valeur des timbres ou vignettes, apposés sur toutes les cartes annuelles de retraite en cours de validité au jour de la mise en application de la présente loi et appartenant à des assurés qui doivent être affiliés obligatoirement aux assurances sociales, sera versée au fonds de majoration et de solidarité, en vue de couvrir les risques maladie et décès indemnisés dans les conditions des deux paragraphes précédents. Si ces cartes appartiennent à des assurés facultatifs, les versements qu'elles comportent seront affectés au compte d'assurances sociales ouvert au nom desdits assurés.

4. Le montant de l'allocation et de la bonification accordées par l'État en vertu de la loi du 5 avril 1910 modifiée, sera, dans les conditions de la loi de finances du 29 avril 1926, porté du double au triple, à compter de la première échéance qui suivra la mise en application de la présente loi.

Art. 48. — 1. Les assurés facultatifs inscrits aux retraites ouvrières avec droit au régime transitoire de la loi du 5 avril 1910, les métayers et petits fermiers payant moins de 600 fr. de fermage, inscrits avec bénéfice de l'allocation attribuée aux assurés obligatoires, auront droit à la valeur actuelle de la portion de bonification ou d'allocation acquise par eux à l'âge accompli au début de l'application de la loi.

2. Cette valeur, calculée au taux de 5 %, sera versée au compte individuel d'assurance-vieillesse des intéressés.

3. La dépense résultant de ce versement sera supportée par le fonds de majoration et de solidarité.

Art. 49. — 1. Les salariés de l'État, des départements, des communes, des chemins de fer d'intérêt général, des chemins de fer de l'État, des chemins de fer d'intérêt général secondaires et d'intérêt local et des tramways, les ouvriers mineurs et ardoisiers et le personnel de leur caisse autonome, les inscrits maritimes et les agents du service général demeurent respectivement soumis aux législations ou règlements qui les régissent à l'égard des risques garantis par la présente loi.

2. Une loi spéciale fixera les règles de coordination de ces divers régimes avec le régime général des assurances sociales et déterminera le mode de liquidation des droits de l'intéressé qui passera d'un régime à un autre et, notamment, de l'agent qui viendrait à quitter le service ou l'administration avant d'avoir droit à une pension et le transfert de la valeur de ses droits aux assurances sociales et inversement.

Art. 50. — 1. Les assurés qui ont été l'objet, au titre de la mutualité scolaire, de versements à la caisse nationale des retraites peuvent demander que les rentes correspondantes leur soient servies par la caisse d'assurances à laquelle ils sont affiliés en vertu de la présente loi. Dans ce cas, la caisse nationale des retraites reste débitrice de ces rentes, qui sont payées par l'intermédiaire de la caisse d'assurances sociales. Lorsque lesdites rentes n'ont pas été réclamées par les intéressés au moment où ils ont droit à la retraite de vieillesse prévue par la présente loi, il y a lieu à application d'office des dispositions qui précèdent.

2. Lorsque l'assuré, qui ne justifie pas du nombre de versements annuels lui donnant droit à la pension minimum, a cotisé pour la retraite dans une mutualité scolaire, ses années d'affiliation mutualiste avant l'âge de quinze ans sont admises pour compléter son temps d'assurance comme équivalant chacune à une demi-année sur la base d'un salaire annuel de 1.200 francs. Dans ce cas les rentes acquises par l'intéressé au cours desdites années sont défalquées de sa pension.

Art. 51. — 1. Pour les assurés malades ou blessés de guerre qui bénéficient de la législation des pensions militaires, l'État devra verser à la caisse d'assurance dont ils dépendent une surprime correspondant à l'aggravation des risques supportés par ladite caisse et aux soins auxquels les intéressés ont déjà droit. Le règlement général d'administration publique fixera le taux de ces surprimes, leur condition et leur mode de versement. Les assurés seront dispensés du pourcentage de participation aux frais médicaux, pharmaceutiques et autres mis à la charge des assurés malades ou invalides.

2. En cas d'aggravation de l'état d'invalidité à la suite de maladie ou d'accident, l'incapacité d'origine militaire entre en compte pour la détermination du degré d'invalidité ouvrant le droit à la pension d'assurance.

3. Si le degré total d'invalidité atteint au moins 66 %, la pension d'assurance est liquidée, et son taux est déterminé par le pourcentage obtenu en retranchant du degré total d'invalidité celui qui est indemnisé par la pension militaire d'invalidité.

4. Les malades ou blessés de guerre qui bénéficient de la législation des pensions militaires et qui peuvent se réclamer de l'assurance facultative ne devront pas en être écartés en raison de leurs maladies ou blessures de guerre; mais l'État devra verser aux caisses une surprime correspondant à l'aggravation des riques, suivant les conditions prévues au paragraphe 1 du présent article.

Art. 52. — La présente loi ne sera applicable aux départements du Haut-Rhin, du Bas-Rhin et de la Moselle qu'en vertu d'une loi spéciale qui déterminera la date d'application, ainsi que les mesures de coordination propres à substituer au régime des assurances sociales actuellement en vigueur dans ces trois départements, les dispositions du présent texte et toutes autres mesures transitoires.

TITRE V

DISPOSITIONS GÉNÉRALES.

Art. 53. — 1. Les pensions acquises en vertu de la présente loi sont, jusqu'à concurrence de 600 francs, incessibles et insaisissables, si ce n'est au profit des caisses d'assurances pour le paiement des frais d'hospitalisation.

2. La double contribution due en vertu de l'article 2 et non encore versée par l'employeur est garantie par un privilège qui prend rang et qui porte effet concurremment avec le privilège des gens de service et des ouvriers et commis, établi respectivement par l'article 2101 du Code civil et par l'article 549 du Code de Commerce.

3. Les sommes qui sont versées à titre de contribution en exécution de la présente loi, tant par l'employeur que par le salarié, sont déduites du total du revenu de ceux-ci pour l'assiette des impôts sur les revenus et de l'impôt général sur le revenu.

Art. 54. — Les versements pour assurance et les avantages qu'ils garantissent sont suspendus pendant la période du service militaire ou en cas d'appel sous les drapeaux. Toutefois, l'assuré qui, à son départ, remplissait lés conditions prévues à l'article 10, pourra recevoir éventuellement la pension d'invalidité, si la réforme est prononcée pour maladie ou infirmité contractée en dehors du service et ne donne pas lieu à l'attribution d'une pension militaire. En outre, l'assuré qui remplissait les conditions réglementaires confère à ses ayants droit le bénéfice des prestations prévues aux articles 9, 19 et 20.

Art. 55. — Les exploitants agricoles seront dans l'obligation de tenir ou de faire tenir sous leur responsabilité par une mutuelle ou un syndicat agricoles, dûment autorisés à cet effet, un livre de paye sur lequel sera inscrit le montant de tous les salaires versés à chacun de leurs ouvriers, au fur et à mesure de leur paiement, ainsi que le montant des retenues auxquelles lesdits salaires doivent avoir donné lieu.

Art. 56. — 1. Les droits accordés aux salariés par la présente loi ne peuvent avoir pour conséquence de réduire les avantages dont ils peuvent bénéficier en vertu de la loi du 19 décembre 1922 sur les allocations familiales. Les versements patronaux auxquels l'application de la loi susvisée donne lieu demeurent obligatoires; mais leur taux pourra être réduit dans la proportion correspondant au montant des allocations stipulées à l'article 20. Le règlement général d'administration publique déterminera les conditions de ces réductions éventuelles.

2. Les avantages supplémentaires constitués par les employeurs en cas de maladie, maternité, décès, vieillesse ou invalidité, au profit de leur personnel et avec la participation des intéressés sont, en ce qui concerne le personnel assuré par la présente loi, garantis soit par une des caisses agréées ou fonctionnant conformément au paragraphe 1 de l'article 44, soit pour les risques de capitalisation par une des caisses prévues à l'article 26, § 4, soit pour les risques de répartition par une des caisses primaires de l'article 26-§ 2, soit par les caisses départementales, soit par la caisse nationale des retraites pour la vieillesse, soit par la caisse nationale d'assurances en cas de décès; à cet effet, ces diverses caisses tiennent des écritures distinctes.

Art. 57. — L'assuré qui reçoit une pension de vieillesse ou d'invalidité au moins égale à 600 francs ne peut se prévaloir de la loi du 14 juillet 1905 sur l'assistance aux vieillards, infirmes et incurables. Il en est de même de l'assuré qui recevrait une pension au moins égale à ce minimum s'il n'avait effectué ses versements à capital réservé ou s'il n'avait réclamé le bénéfice de l'article 18. Toutefois, les communes où le secours attribué aux assistés est supérieur à la pension que reçoit l'assuré, doivent accorder à ce dernier, en droit d'être assisté, le bénéfice d'une bonification complémentaire destinée à rétablir l'équivalence. Cette bonification reste à leur charge.

Art. 58. — L'assuré conserve éventuellement le bénéfice des dispositions des lois sur l'assistance ou l'encouragement national aux familles nombreuses.

Art. 59. — 1. Les personnes qui peuvent avoir droit aux prestations accordées par la présente loi en cas de maladie ou d'invalidité, n'auront pas la faculté de se réclamer du bénéfice de la loi du 15 juillet 1893 sur l'assistance médicale gratuite.

2. Les femmes assurées qui ont droit aux prestations en cas de maternité ne peuvent se réclamer des dispositions des lois des 17 juin et 30 juillet 1913, des 23 janvier et 4 décembre 1917 et du 24 octobre 1919 sur l'assistance aux femmes en couches.

3. Toutefois, pour les personnes inscrites sur la liste d'assistance médicale gratuite, le pourcentage des frais médicaux et pharmaceutiques restera à la charge de ce service.

Art. 60. — 1. Les prestations de l'assurance-maladie ne se cumulent pas avec celles résultant de la législation sur les accidents du travail.

2. Le titulaire d'une rente allouée en vertu de ladite législation, dont l'état d'invalidité serait aggravé à la suite de maladie ou d'accident, peut réclamer le bénéfice de l'assurance-invalidité si le degré total d'incapacité est au moins égal aux deux tiers.

3. La pension allouée dans ce cas est déterminée par le pourcentage obtenu en retranchant du degré total d'invalidité celui qui a été pris en compte pour l'application de la loi de 1898.

4. Les charges résultant de l'aggravation du risque seront imputées au fonds de garantie de la loi de 1898 dans les conditions qui seront fixées par le règlement général d'administration publique.

Art. 61. — Lorsque, sans rentrer dans les cas régis par les dispositions législatives applicables aux accidents du travail, l'accident ou la blessure dont l'assuré est victime est imputable à un tiers, la caisse d'assurances est subrogée de plein droit à l'intéressé dans son action contre le tiers responsable, pour le remboursement des dépenses que lui occasionne l'accident ou la blessure, sous réserve, pour l'assuré ou ses ayants droit, de tous droits de recours en réparation du préjudice causé, conformément aux règles de droit commun.

Art. 62. — 1. Les pièces exclusivement relatives à l'exécution de la présente loi sont délivrées gratuitement et dispensées des droits de timbre et d'enregistrement. Les droits d'enregistrement et autres à percevoir sur les libéralités faites aux organismes d'assurances sociales seront les mêmes que ceux perçus pour les libéralités faites aux hôpitaux, hospices et bureaux de bienfaisance.

2. Les jugements ou arrêts, ainsi que les extraits, copies, grosses ou expéditions qui en sont délivrés, et généralement tous les actes de procédure auxquels donne lieu l'application de la présente loi, sont également dispensés des formalités de timbre et d'enregistrement. Ils portent la mention expresse qu'ils sont faits en exécution de ladite loi.

3. Un décret réglera le tarif postal applicable aux objets de correspondance adressés ou reçus, pour l'exécution de la loi, par l'office national, les offices départementaux ou interdépartementaux et les mairies, les commissions ou conseils prévus par la présente loi, la caisse générale de garantie, les caisses d'assurances et les fonctionnaires du contrôle du ministère du Travail et du ministère des Finances.

4. Sont exemptées du droit de timbre les affiches, imprimées ou non, apposées par les organismes d'administration ou de gestion des assurances sociales ayant pour objet exclusif la vulgarisation de la loi, ainsi que la publication de comptes rendus et conditions de fontionnement de ces organismes.

Art. 63. — 1. Les difficultés auxquelles donne lieu l'exécution de la présente loi sont soumises, par lettre recommandée, à une commission cantonale composée du juge de paix, président, d'un employeur et d'un assuré assistés du greffier du juge de paix.

2. Dans la première quinzaine de chaque année, l'office départemental ou interdépartemental choisira par canton les employeurs et assurés appelés au nombre de huit, dont quatre employeurs et quatre assurés, à faire partie, durant l'année, de ladite commission, ainsi que deux suppléants par canton.

La mission de chacun d'eux durera trois mois.

Ils seront convoqués par le greffier du juge de paix, sur l'ordre de celui-ci, par lettre recommandée avec accusé de réception, le tout circulant en franchise, au moins huit jours avant celui de l'audience de la commission.

Tout employeur ou assuré, membre titulaire ou suppléant, qui ne se sera pas rendu à la convocation dont il aura été l'objet, et sans donner de son absence une excuse jugée légitime, sera condamné par le juge de paix, président, à une amende de 5 à 10 francs par chaque absence non justifiée.

3. La commission cantonale ainsi constituée connaîtra en premier ressort de tous litiges. Elle pourra ordonner la comparution personnelle des parties; elle fera tous ses efforts pour les concilier; en cas de non-conciliation, elle statuera.

4. Ses décisions seront toujours susceptibles d'appel de-devant le tribunal départemental ou la section de ce tribunal dont relèvera le juge de paix, président de la commisison.

L'article 443 du Code de procédure civile est applicable aux formalités de l'appel; toutefois, le délai dans lequel celui-ci devra être interjeté sera d'un mois.

5. Le pourvoi en cassation ne pourra être formé que pour violation de la présente loi.

[Art. 64. — L'employeur qui ne s'est pas conformé aux prescriptions des articles 1, 2, 3, 37, 46 et 55 est poursuivi devant le tribunal de simple police à la requête de l'office national, départemental ou interdépartemental des assurances sociales, de la caisse générale de garantie ou du ministre du Travail. Il est passible d'une amende de 5 à 15 francs prononcée par le tribunal, sans préjudice de la condamnation par le même jugement au paiement de la somme représentant les contributions dont le versement lui incombait, lesquelles seront portées au compte de l'assuré par sa caisse départementale d'assurances. L'amende est appliquée autant de fois qu'il y a de personnes employées dans des conditions contraires aux prescriptions des articles 1 et 2, sans que le total des amendes puisse dépasser 500 francs.

2. En cas de récidive, le contrevenant sera poursuivi devant le tribunal correctionnel et puni d'une amende de 16 à 100 francs.

3. Il y a récidive lorsque, dans les douze mois antérieurs au fait poursuivi, le contrevenant a déjà subi une condamnation pour une contravention identique.

4. Le tribunal peut, en outre, dans ce cas, prononcer pour une durée de six mois à cinq ans :

a) Son inégilibilité aux chambres de commerce, aux tribunaux de commerce, aux conseils de prud'hommes;

b) Son incapacité à participer aux organes de l'administration publique chargée de la représentation officielle des intérêts industriels, commerciaux et agricoles.

5. Le tribunal peut ordonner, dans tous les cas, que le jugement de condamnation sera publié, intégralement ou par extraits, dans les journaux qu'il désignera et affiché dans les lieux qu'il indiquera, le tout aux frais du contrevenant, sans que le coût de l'insertion puisse dépasser 200 francs.

6. En cas de pluralité de contraventions entraînant les peines de la récidive, l'amende est appliquée autant de fois

qu'on a relevé de nouvelles contraventions. Toutefois, le total des amendes ne peut dépasser 3.000 francs.

7. L'article 463 du Code pénal est applicable, ainsi qu'aux sanctions prévues par les articles 65, 66 et 67.

Art. 65. — 1. Est passible d'une amende de 16 à 500 francs quiconque se rend coupable de fraude de fausse déclaration pour obtenir ou faire obtenir, ou tenter de faire obtenir des prestations qui ne sont pas dues, sans préjudice de plus fortes peines s'il y échet.

2. Les employeurs sont tenus de recevoir à toute époque les inspecteurs mandatés par l'office national, les caisses départementales, la caisse générale de garantie et les fonctionnaires du contrôle général du ministère du Travail, pour vérifier, dans les conditions qui seront déterminées par le règlement général d'administration publique, l'affiliation de leur personnel aux assurances sociales et le montant des salaires payés par eux.

3. Les oppositions ou obstacles à ces visites ou inspections seront passibles des mêmes peines que celles prévues par le Code du travail pour l'inspection du travail.

Art. 66. — Sont passibles d'une amende de 100 à 2.000 fr. et d'un emprisonnement de six jours à deux mois :

1° Les administrateurs, directeurs, agents de toutes sociétés ou institutions recevant, sans avoir été dûment agréés ou autorisés à cet effet, les versements visés par la présente loi;

2° Les administrateurs, directeurs ou agents de tous les organismes d'assurance reconnus par la loi, en cas de fraude ou de fausse déclaration dans l'encaissement ou dans la gestion, le tout sans préjudice du retrait des autorisations ou agréments prévus à l'article 27, et sans préjudice de plus fortes peines s'il y échet.

Art. 67. — 1. Sera puni d'une amende de 100 à 2.000 francs et d'un emprisonnement de six jours à deux mois ou de l'une de ces deux peines seulement, quiconque, par menaces, dons, promesses d'argent, ristourne sur les honoraires médicaux ou fournitures pharmaceutiques, fait à des assurés ou à des caisses d'assurances ou à toute autre personne, aura attiré ou tenté d'attirer ou de retenir les bénéficiaires de la présente loi, notamment dans une clinique ou cabinet médical ou officine de pharmacie.

2. Le maximum des deux peines sera toujours appliqué au délinquant lorsqu'il aura déjà subi une condamnation pour la même infraction et le tribunal pourra ordonner l'insertion du nouveau jugement dans un ou plusieurs journaux de la localité, le tout aux frais du condamné, sans que le coût de l'insertion puisse dépasser 200 francs.

3. Les médecins, chirurgiens, sages-femmes et pharmaciens peuvent être exclus des services de l'assurance en cas de fausse déclaration intentionnelle. S'ils sont coupables de collusion avec les assurés, ils sont passibles, en outre, d'une amende de 100 à 2.000 francs et d'un emprisonnement de six jours à trois mois, ou de l'une de ces deux peines seulement, sans préjudice de plus fortes peines s'il y échet.

Art. 68. — 1. Un office national des assurances sociales est chargé de l'application de la présente loi; des offices départementaux et interdépartementaux concourent à cette application. Ces offices constituent des établissements publics et fonctionnent sous le contrôle de l'État dans les conditions de la présente loi. La direction actuelle des retraites et des assurances sociales sera, dans les douze mois qui suivront la promulgation de la présente loi, transformée en direction générale de l'office national des assurances sociales.

2. Le contrôle général de l'application de la présente loi est confié au service actuel de contrôle des retraites fonctionnant auprès du ministre du Travail.

3. L'office national et les offices départementaux et interdépartementaux sont administrés par un conseil d'administration dans les conditions suivantes :

Le conseil d'administration de l'office national est constitué par la section permanente du conseil supérieur des assurances sociales prévu à l'article 72 et présidé par le ministre du Travail.

Ce conseil délibère sur les dispositions relatives à l'organisation du service des assurances sociales et sur les mesures propres à assurer l'application de la loi. Il établit les comptes relatifs au fonctionnement des assurances sociales et la statistique propre à l'évaluation des risques assurés en vertu de la présente loi, dont il résume les résultats dans un rapport annuel qui rend compte de l'application générale de la loi.

Ce rapport est adressé au Président de la République. Il est publié au *Journal officiel* et distribué aux Chambres.

4. Le conseil d'administration de chaque office comprend au moins quatre représentants des assurés, trois représentants des employeurs, deux praticiens, dont un médecin et un pharmacien, élus les uns et les autres par les membres des conseils d'administration des caisses, ainsi qu'un représentant du ministre du Travail, et un représentant du ministre des Finances.

Le directeur général de l'office national et les directeurs sont nommés par décret sur la proposition du ministre du Travail. Le personnel de direction des offices départementaux et interdépartementaux est nommé par arrêté du ministre du Travail sur présentation de l'office national dans les

conditions déterminées par le règlement général d'administration publique qui fixera les règles de recrutement, après
concours préalable à toute admission.

5. Les offices départementaux et interdépartementaux
assurent l'application de la loi et, notamment, l'immatri-
calution et la radiation des assurés ainsi que la délivrance des
cartes individuelles d'assurances sociales. Ils reçoivent les
déclarations d'affiliation, bordereaux et pièces de versements
des contributions remis ou adressés par les employeurs et
les transmettent après vérification aux organismes intéressés. Ils contrôlent le recouvrement et provoquent le
créditement par la caisse des Dépôts et Consignations, des
sommes revenant aux diverses caisses d'assurances et à la
caisse générale de garantie. Ils établissent la liste sur laquelle
sont choisis les membres de la commission de conciliation
prévue à l'article 63. Ils surveillent l'emploi des dépenses
imputables sur le fonds de majoration et de solidarité.

6. Les frais de fonctionnement des divers services et caisses
qui concourent à l'application de la loi sont, dans la limite
maximum de 5 % du montant total de toutes les cotisations,
supportés par le fonds de majoration et de solidarité.

ART. 69. — 1. Il est créé pour l'application de la présente
loi un fonds de majoration et de solidarité et un fonds de
garantie et de compensation.

2. Le fonds de majoration et de solidarité est destiné à
assurer le minimum légal des pensions d'invalidité et de
vieillesse des caisses d'assurances, le remboursement des
charges de famille et des dépenses pour la liquidation de la
loi des retraites dans les conditions fixées par la présente loi,
et à faire face aux dépenses de toute nature d'administration et de gestion de tous les organismes.

3. Il participe, dans la mesure de ses disponibilités et
suivant un pourcentage à fixer annuellement par décret,
aux dépenses résultant pour les assurés obligatoires : de la
majoration du demi-salaire prévue à l'article 5; des versements effectués en vertu de l'article 5-§ 4, par les caisses
d'assurances aux lieu et place des assurés bénéficiaires de
l'assurance-maladie; de la majoration des rentes d'invalidité
prévue à l'article 10-§ 5; de la majoration des pensions de
vieillesse prévue à l'article 15-§2; des frais médicaux et
pharmaceutiques à prévoir en faveur des pensionnés depuis
plus de cinq ans pour invalidité et des retraités des assurances sociales.

4. Il majore les prestations des assurés facultatifs dans les
conditions de l'article 41.

5. Il est alimenté :

1º Par un prélèvement effectué sur toutes les cotisations

d'assurés obligatoires et facultatifs, destiné notamment à lui permettre de faire face aux frais de gestion et aux charges de famille et dont la quotité sera fixée chaque année par décret;

2º Par les contributions de l'État dont le montant sera égal au crédit ouvert par la loi de finances de l'exercice 1926, au budget du ministère du Travail, au titre des retraites ouvrières;

3º Par un prèlévement : *a*) sur les cotisations affectées à l'assurance-vieillesse, égal au moins à 1,25 % et au plus à 2 % du salaire pour les assurés âgés de moins de trente ans et dont le produit est affecté à la garantie du minimum de pensions; *b*) sur la cotisation affectée à l'assurance-décès et destinée à garantir le minimum fixé par l'article 19-§ 2; la quotité des prélèvements prévus au présent paragraphe sera fixée annuellement par décret;

4º Par le produit des amendes visées aux articles 64 à 67;

5º Par la portion non employée annuellement du revenu visé à l'article 4 de la loi du 31 décembre 1895;

6º Par les arrérages atteints par la prescription quinquennale et par les capitaux réservés non remboursés aux ayants droit des assurés décédés depuis plus de cinq ans;

7º Par les contributions patronales dues en vertu de l'article 3 et par les contributions patronale et ouvrière afférentes aux salariés étrangers n'ayant pas en France de résidence réelle et permanente;

8º Par l'affectation pendant la première année d'affiliation de tout assuré, de la fraction de cotisation destinée à la garantie du risque-invalidité (pension et soins);

9º Par les versements provenant des excédents d'actif des caisses d'assurances en vertu de l'article 45;

10º Par le versement annuel opéré par l'État, les départements et communes et représentant la moitié des économies réalisées par eux, du fait de l'application des assurances sociales, sur la moyenne des crédits inscrits pour faire face aux dépenses d'assistance pendant les cinq dernières années précédant celle où la présente loi entre en application. Les dépenses nouvelles que ces collectivités engageront pour l'assistance n'entreront pas en compte pour la fixation du montant desdites économies. Le règlement général d'administration publique déterminera les bases d'après lesquelles seront décomptées ces économies et les modalités de recouvrement de la contribution des départements et des communes et du montant de la part de l'État;

11º Par les sommes à provenir de l'actif du fonds de réserve dont le transfert est prévu à l'article 46;

12º Par un prélèvement de 10 % sur les cotisations affectées aux assurances décès, invalidité, vieillesse des assurés facultatifs, en vertu des dispositions de l'article 41-§ 1; pour les femmes d'assurés non salariées visées au paragraphe 4 de l'article 43, ce prélèvement sera fixé à 20 francs par an;

13° Par les ressources à provenir de l'application des dispositions prévues par l'article 23 pour la garantie contre le chômage et pour faire face à ses dépenses de fonctionnement, lesquelles doivent être complètement distinctes de celles afférentes à la garantie des autres risques;

14° Par les affectations spéciales suivantes :

Sur la part de la redevance supplémentaire des bénéfices de la Banque de France, attribuée au Trésor, conformément à la loi du 19 décembre 1926 (art. 66-§ 5), et sur la part attribuée à l'État sur le produit des jeux par application de l'article 14 de la loi de finances du 19 décembre 1926. Le montant de cette double affectation sera fixé annuellement par la loi de finances sans que le montant puisse dépasser 5 millions;

15° Par les recettes diverses affectées audit fonds, notamment par les articles 33, 41 et 47;

16° Par les dons et legs qui peuvent être faits avec affectation audit fonds.

Art. 70. — Le fonds de garantie et de compensation est destiné à couvrir éventuellement les insuffisances annuelles de recettes des caisses d'assurances et à parer à leur insolvabilité. Il est alimenté : 1° par un versement de 2 % de toutes les cotisations reçues par les caisses d'assurances; ce taux pourra être abaissé ultérieurement par décret et lorsque l'avoir dudit fonds atteindra la somme de 20 millions; 2° par les versements prévus aux articles 32 et 33.

Art. 71. — 1. Le fonds de majoration et de solidarité et le fonds de garantie et de compensation sont gérés par la caisse générale de garantie créée par la présente loi et organisée dans les douze mois qui suivront la promulgation. Cette caisse relève du ministre du Travail; elle jouit de la personnalité civile et de l'autonomie financière et est représentée en justice par son directeur général nommé par décret rendu sur la proposition du ministre du Travail.

2. Elle est administrée par un conseil composé de 18 membres, dont les deux tiers de représentants des conseils d'administration des caisses départementales et primaires, élus dans les conditions déterminées par le règlement général d'administration publique, l'autre tiers désigné à raison de deux membres par le conseil supérieur des assurances sociales, de deux membres par le ministre du Travail et de deux membres par le ministre des Finances. Ce même règlement fixera le fonctionnement administratif et financier de la

caisse générale de garantie dont les frais seront prélevés sur le fonds de majoration et de solidarité et le fonds de garantie et de compensation.

3. Les dispositions des articles 29, 30, 31, relatifs au contrôle de l'État, à la gestion, ainsi qu'au placement des fonds, sont applicables à la caisse générale de garantie.

Aʀᴛ. 72. — Il est formé, auprès du ministre du Travail et sous sa présidence, un conseil supérieur des assurances sociales, chargé de l'examen de toutes les questions se rattachant au fonctionnement de la présente loi. Il donne notamment son avis sur tous les projets et propositions de lois et de règlements relatifs aux assurances sociales.

Ce conseil est composé de :

2 sénateurs et 3 députés, élus par leurs collègues.

3 maires et 2 conseillers généraux désignés par le ministre de l'Intérieur.

2 conseillers d'État, élus par le conseil d'État.

1 délégué du conseil supérieur de l'assistance publique désigné par le conseil.

2 délégués du conseil supérieur du travail, dont un élu par les conseillers patrons et un par les conseillers ouvriers.

2 délégués du conseil supérieur des sociétés de secours mutuels, élus par le conseil.

2 membres choisis par le conseil supérieur du commerce et de l'industrie, un parmi les patrons, un parmi les salariés.

2 membres désignés par le conseil supérieur de la coopération, un désigné par la section de consommation, un désigné par la section de production.

2 membres choisis par le conseil supérieur de l'agriculture, un parmi les patrons, un parmi les ouvriers ou employés d'exploitations agricoles.

1 délégué de la commission supérieure de la caisse nationale des retraites pour la vieillesse, désigné par cette commission.

2 représentants élus par les membres du conseil d'administration des caisses de réassurances mutuelles agricoles régies par la loi du 4 juillet 1900.

3 directeurs ou administrateurs des caisses départementales nommés par les membres des conseils d'administration de ces caisses.

3 directeurs ou administrateurs des caisses primaires nommés par les membres des conseils d'administration de ces caisses.

4 assurés élus par les membres des conseils d'administration des caisses départementales.

4 assurés élus par les membres des conseils d'administration des caisses primaires.

3 personnes connues pour leurs travaux sur les questions d'assurance ou de prévoyance sociales, de chômage, nommées par le ministre du Travail.

4 délégués des groupements professionnels, dont 3 médecins et 1 pharmacien désignés par les unions nationales de leurs syndicats.

2 représentants élus par les membres des commissions paritaires des offices de placement, dont un assuré et un employeur.

4 directeurs ou administrateurs des offices élus par les membres des conseils d'administration de ces offices.

Ces membres sont nommés pour quatre ans.

Font partie de droit du conseil :

Le chef du service de l'inspection générale des Finances.

Le directeur de la comptabilité publique.

Le directeur du budget et du contrôle financier.

Le directeur du mouvement général des fonds.

Le directeur général et les directeurs de l'office national des assurances sociales.

Le chef du service du contrôle général du ministre du Travail.

Le directeur général de la Caisse des Dépôts et Consignations.

Le directeur de la mutualité au ministère du Travail.

Le directeur de l'assistance et de l'hygiène au ministère du Travail.

Le directeur du travail au ministère du Travail.

Le directeur des affaires départementales et communales au ministère de l'Intérieur.

Le directeur général de la caisse générale de garantie.

Le directeur général de la caisse nationale du crédit agricole.

Il élit dans son sein une section permanente composée de :

1° Dix des membres élus au conseil supérieur des assurances sociales à titre de salariés, d'assurés, de représentants des caisses et des offices choisis par ceux-ci;

2° Un sénateur, un député, un conseiller d'État, un employeur, un exploitant agricole, un représentant des sociétés de secours mutuels, un représentant des mutuelles agricoles régies par la loi du 4 juillet 1900, un représentant des caisses spéciales visées à l'article 24, un technicien des questions d'assurance, trois représentants des syndicats professionnels de praticiens dont deux médecins;

3° Des membres de droit suivants :

Le directeur général et les directeurs de l'office national des assurances sociales.

Le chef du service du contrôle général du ministère du Travail.

Le directeur général de la caisse des Dépôts et Consignations.

Le directeur du budget et du contrôle financier.

Le directeur de la mutualité au ministère du Travail.

Le directeur général de la caisse générale de garantie.

Le directeur général de la caisse nationale du crédit agricole.

La section permanente constitue le conseil d'administration de l'office national des assurances sociales. Elle donne, en outre, son avis sur les questions qui lui sont renvoyées, soit par le conseil supérieur, soit par le ministre du Travail. Elle se subdivise en quatre sous-sections : technique et financière, administrative et de garantie contre le chômage, juridique, médico-pharmaceutique. Cette dernière sous-section comprendra au moins deux médecins.

Le conseil élit ses deux vice-présidents.

Il se réunit au moins une fois par semestre.

ART. 73. — 1. Au cours du douzième mois qui suivra la promulgation de la présente loi, un règlement général d'administration publique, rendu sur la proposition du ministre du Travail et des ministres intéressés, après consultation des organisations en cause, déterminera toutes les dispositions nécessaires à son application, laquelle entrera en vigueur dix mois après la publication de ce règlement au *Journal officiel*.

2. La présente loi ne sera applicable à l'Algérie et aux colonies que lorsque seront intervenus des règlements d'administration publique déterminant les conditions dans lesquelles son application pourra avoir lieu.

ART. 74. — Sont abrogées toutes les dispositions législatives contraires à la présente loi.

MINISTÈRE DU TRAVAIL,

DE L'HYGIÈNE, DE L'ASSISTANCE

ET DE LA PRÉVOYANCE SOCIALES

—————

Décret

*portant règlement d'administration publique pour l'exécution de la
loi du 5 avril 1928 sur les assurances sociales.*

Du 30 mars 1929

—————

TITRE I
ASSURANCE OBLIGATOIRE

SECTION I

Immatriculation et contributions.

CHAPITRE I. — Immatriculation.

Art. 1-§ 1. — Dans le calcul de la rémunération totale annuelle
à considérer en vertu de l'article 1-§ 2 de la loi du 5 avril 1928
pour l'affiliation obligatoire des salariés aux assurances sociales,
il est tenu compte de toutes les rétributions en argent, ainsi que des
divers avantages en nature que le salarié reçoit de l'employeur.

§ 2. — Entrent également en compte dans le montant de ladite
rémunération les pourboires versés au salarié directement ou par
l'entremise de l'employeur ou d'un tiers, lorsque, en vertu du
contrat de travail ou des usages de la profession, ils constituent en
tout ou partie un mode normal de rémunération.

Art. 2. — Le montant des avantages en nature ainsi que des
pourboires prévus à l'article 1-§ 2 du présent décret, est évalué
forfaitairement d'après les barèmes établis chaque année par

l'office départemental du lieu de travail, après consultation des chambres de commerce, des chambres d'agriculture, des conseils consultatifs du travail et des groupements professionnels intéressés, compte tenu, s'il y a lieu, des contrats collectifs de travail.

Art. 3-§ 1. — Sous réserve des dispositions de l'article 2 du présent décret et de celles des §§ 2 et 3 du présent article, le montant annuel des rétributions en argent est déterminé d'après le contrat individuel ou collectif de travail.

§ 2. — Si le contrat ne comporte pas d'éléments suffisants d'appréciation, ce montant est déterminé, pour le salarié occupé depuis un an dans un emploi de même nature et chez le même employeur, d'après les salaires effectivement touchés par l'intéressé au cours des douze mois précédents.

§ 3. — A défaut des bases d'évaluation prévues aux §§ 1 et 2 du présent article, le montant du salaire est déterminé d'après les rétributions perçues par les salariés travaillant dans les mêmes conditions et dans un emploi ou dans une entreprise analogues.

Art. 4-§ 1. — Sous réserve des dispositions des conventions diplomatiques, les salariés étrangers, pour être affiliés aux assurances sociales, doivent, par application de l'article 1-§ 4 de la loi, avoir en France une résidence réelle et permanente; cette condition est considérée comme remplie s'il est justifié, dans les formes et conditions fixées par l'office national, que l'intéressé réside en France d'une façon ininterrompue depuis deux ans au moins.

§ 2. — Ce délai court à dater de la délivrance de la carte d'identité de travailleur étranger.

Art. 5-§ 1. — Tout employeur est tenu, sous la seule réserve énoncée au § 4 ci-après, de souscrire pour chacun des salariés français ou étrangers qu'il occupe une déclaration individuelle, conforme à un modèle établi par l'office national, et dans laquelle il indique notamment :

1º Ses nom, prénoms, profession, ou sa raison sociale et, s'il y a lieu, le siège de son principal établissement;

2º La désignation et l'adresse de l'établissement auquel est rattaché le salarié;

3º La nature de l'emploi que le salarié y occupe;

4º Les noms et prénoms usuels du salarié, sa nationalité, sa résidence d'après les renseignements que celui-ci lui a fournis;

5º Tous renseignements nécessaires pour la détermination de sa rémunération totale annuelle dans les conditions prévues à l'article 3 du présent décret;

6º Toutes indications que le salarié aura spontanément données sur ses date et lieu de naissance et sa situation de famille (célibataire, marié, veuf, divorcé; nom et prénoms de la femme; nombre, âge, noms et prénoms des enfants).

§ 2. — Cette déclaration doit être remise ou envoyée à l'office des assurances sociales dans la circonscription duquel se trouve l'établissement dont le salarié dépend.

§ 3. — Elle doit être fournie dans la huitaine de l'embauchage pour les salariés ci-dessus désignés qui ne justifient pas de leur immatriculation antérieure. Pour les salariés immatriculés, elle peut être fournie en même temps que le plus prochain relevé de salaires prévu à l'article 19.

§ 4. — L'employeur est dispensé de la déclaration pour les salariés dont il sait d'une façon certaine que la rémunération totale annuelle excède le salaire maximum fixé à l'article 1-§ 2 de la loi compte tenu des charges de famille.

Art. 6-§ 1. — Indépendamment de la déclaration de l'employeur et des renseignements qu'il lui fournit pour l'établir, tout salarié a la faculté, dans la huitaine qui suit l'embauchage, d'adresser, soit directement, soit par l'intermédiaire d'une des caisses auxquelles il désire être affilié, à l'office des assurances sociales dont il dépend, un bulletin individuel appuyé de toutes justifications utiles et mentionnant notamment :

1° Ses nom et prénoms, sa nationalité, ses date et lieu de naissance, sa résidence ;

2° Les indications nécessaires à la détermination de sa rémunération totale annuelle ;

3° Sa situation de famille ;

4° Son numéro d'immatriculation.

§ 2. — Ce bulletin est établi conformément à un modèle arrêté par l'office national des assurances sociales.

§ 3. — Si le salarié est étranger, il fait connaître la date depuis laquelle il a en France une résidence non interrompue.

Art. 7-§ 1. — Sont tenus, en tout état de cause, en vue d'établir leur situation au regard de la loi, d'adresser, dans la huitaine de leur embauchage, ledit bulletin à l'office, soit directement, soit par l'intermédiaire d'une des caisses auxquelles ils désirent être affiliés :

a) Tous les salariés français dont la rémunération totale annuelle dépasse 15.000 francs et qui, ayant des charges de famille, n'ont pas fourni à leur employeur les renseignements sur ces charges ;

b) Tous les salariés français visés à l'article 3-§ 3 de la loi, dont la retraite, constituée sous un régime résultant de dispositions légales ou réglementaires, est liquidée ou en instance de liquidation ;

c) Tous les salariés français, également visés à l'article 3-§ 3 de la loi, âgés de soixante ans ou plus, qui ne bénéficieraient d'aucune retraite constituée dans les conditions prévues à l'alinéa b ;

d) Tous les salariés étrangers.

§ 2. — Sont également tenus, en cours d'assurance, d'adresser sans délai ledit bulletin pour rectifications :

a) Tous les salariés dont la situation, au point de vue de l'assurance, se modifie du fait de l'accroissement ou de la diminution des charges de famille ;

b) Tous les assurés qui deviennent bénéficiaires d'une retraite constituée sous un régime résultant de dispositions légales ou réglementaires ou qui se mettent en instance pour la liquidation d'une telle retraite, et qui, par suite, n'ont plus droit à l'assurance.

Art. 8-§ 1. — Sous réserve de la présomption d'affiliation aux caisses primaires fondées par les sociétés et unions de sociétés de secours mutuels, établie par l'article 26-§ 3 de la loi, pour les membres participants et honoraires desdites sociétés, et de celle instituée par l'article 26-§ 4, pour les anciens assurés de la loi des retraites ouvrières, lesdites présomptions telles qu'elles sont réglementées par les articles 266 et 267 du présent décret, le salarié indique sur le bulletin individuel prévu aux articles 6 et 7 ci-dessus les caisses d'assurances auxquelles il désire être affilié,pour chacun des risques prévus par la loi.

§ 2. — Pour les risques maladie, maternité, décès, soins aux invalides, son choix ne peut s'exercer que sur l'une des caisses du département où il travaille.

§ 3. — Plur le risque vieillesse ou pour les risques vieillesse et invalidité, le salarié peut faire choix soit de la caisse départementale, soit d'une des caisses prévues à l'article 26-§ 2 et 4, et à l'article 44 de la loi et autorisées à fonctionner comme caisses primaires, à la condition que la caisse choisie possède, dans le département du lieu de travail, soit son siège, soit une section locale.

ART. 9-§ 1. — Par application de l'article 35-§ 1 de la loi, l'assuré peut, tous les deux ans, à compter de son immatriculation, modifier le choix qu'il a fait, ou qu'il est présumé avoir fait, de la ou des caisses d'assurance destinées à le garantir contre chacun des risques prévus par la loi.

§ 2. — Il peut modifier ce choix avant l'expiration du délai de deux ans, lorsqu'il transporte son lieu de travail en dehors de la circonscription territoriale de la caisse à laquelle il est affilié.

§ 3. — Il doit modifier ce choix toutes les fois qu'il cesse d'être compris dans le personnel des établissements pour lesquels est instituée la caisse primaire dont il fait partie.

§ 4. — Dans les cas prévus aux paragraphes précédents, l'assuré envoie à l'office dont il relève un bulletin spécial conforme à un modèle établi par l'office national; ce bulletin doit, au cas visé au § 1 ci-dessus, être adressé avant l'expiration du délai de deux ans, et, dans les autres cas, dans la huitaine de l'embauchage.

ART. 10-§ 1. — Au vue des renseignements et justifications fournis, et s'il les estime suffisants, l'office procède à l'immatriculation des salariés qui, aux termes de l'article 1-§ 2 de ladite loi, sont obligatoirement affiliés aux assurances sociales.

§ 2.— L'immatriculation a effet à compter du jour où l'assuré remplit les conditions fixées à l'article 1-§ 2 de la loi.

ART. 11-§ 1. — A défaut de renseignements et de justifications suffisants, l'office procède à toutes les vérifications utiles. A cet effet, il peut demander aux salariés communication de toutes pièces d'identité ou d'état civil; il peut aussi inviter les préfectures ou les mairies à lui fournir des précisions sur la nationalité, l'état civil, la résidence et la situation de famille des salariés.

§ 2. — Il effectue les recherches relatives aux salariés qui, n'ayant pas été compris sur les déclarations des employeurs, doivent néanmoins, en raison de leur salaire et de leur situation de famille, être obligatoirement affiliés aux assurances sociales ou donner lieu aux versements prévus à l'article 69-§§ 5, 7° de la loi. Il provoque à cet égard les explications de l'employeur.

ART. 12-§ 1. — L'office départemental notifie par lettre recommandée l'immatriculation du salarié à l'employeur et à l'intéressé.Il en donne avis aux caisses d'assurance.

La notification au salarié est accompagnée de l'envoi d'une carte d'assurances sociales conforme au modèle établi par l'office national.

§ 2. — L'office notifie dans les mêmes formes aux employeurs les noms de ceux des salariés qu'il n'y a pas lieu d'immatriculer dans l'assurance. Parmi ceux-ci, il indique les salariés français ou étrangers pour lesquels l'employeur est tenu au versement de la contribution patronale par application de l'article 3-§ |3 de la loi, et les salariés étrangers, non affiliés aux assurances sociales, pour lesquels le versement des contributions ouvrière et patronale est opéré par application de l'article 69-§ 5, 7o de la loi.

Il notifie également sa décision aux salariés qui ont fait des déclarations en vue de leur immatriculation et qui ne doivent pas être assujettis aux assurances sociales.

Art. 13. — Un arrêté concerté entre le ministre du Travail, le ministre des Finances et le ministre chargé des postes, télégraphes et téléphones précisera les règles suivant lesquelles seront distribuées les cartes d'assurances sociales et fixera les conditions de retrait des cartes annuelles des retraites ouvrières en cours au jour de la mise en application de la loi.

Art. 14. — Les salariés peuvent, à toute époque, et en produisant les justifications utiles, demander leur immatriculation ou leur radiation.

Les employeurs peuvent également, à toute époque et en produisant lesdites justifications, demander la radiation de ceux de leurs ouvriers et employés qui ne remplissent plus les conditions prévues à l'article 1-§ 2 de la loi.

Art. 15. — L'office départemental procède, même en l'absence de toute demande, à la radiation des assurés qui ne remplissent plus les conditions fixées par l'article 1 de la loi pour bénéficier de l'assurance obligatoire, notamment de ceux dont la rémunération acquise depuis le 1er janvier excède les chiffres-limite qui y sont prévus et des salariés étrangers qui ont cessé d'avoir leur résidence réelle et permanente en France.

Art. 16-§ 1. — Les décisions portant radiation sont notifiées au salarié et à l'employeur et communiquées aux caisses intéressées dans les mêmes formes que celles portant immatriculation.

§ 2. — Les salariés radiés sont tenus de restituer la carte d'assurances sociales qui leur a été délivrée.

§ 3. — Par application de l'article 43-§ 2 de la loi, ils restent, ainsi que leur employeur, soumis aux obligations de l'assurance jusqu'au 1er janvier suivant. Ils continuent à être couverts contre les risques survenant après cette date pendant toute la période où les versements antérieurement effectués leur ouvrent droit aux différentes prestations.

CHAPITRE 2. — Versement des contributions.

Art. 17-§ 1. — Le versement prévu aux articles 2-§ 1 et 69-§ 5, 7o de la loi est calculé sur la rémunération totale du salarié français ou étranger, telle qu'elle est fixée par les articles 1, 2 et 3 du présent décret.

§ 2. — En ce qui concerne les salariés qui sont chargés de famille au sens de l'article 20-§ 2 de la loi et dont le salaire est fixé à l'année, la rémunération effective sur laquelle le versement est opéré subit une déduction de 3.000 francs pour le premier enfant et de 2.000 francs pour chacun des suivants, lorsqu'elle dépasse 15.000 francs.

Lorsque le salaire est fixé au mois, il subit une déduction de 250 francs pour le premier enfant et 165 francs pour chacun des suivants, s'il dépasse 1.250 francs.

Lorsque le salaire est fixé à la journée, il subit une déduction de 10 francs pour le premier enfant et de 6^f 50 pour chacun des suivants, s'il dépasse 50 francs.

En aucun cas, ces réductions ne peuvent avoir pour effet de ramener le salaire servant de base au calcul de la contribution à une somme inférieure à 15.000 francs par an, 1.250 francs par mois, 50 francs par jour pour les salariés dont la rémunération est supérieure à ces chiffres.

Art. 18-§ 1. — Le salarié immatriculé aux assurances sociales ne peut s'opposer au prélèvement de sa contribution effectuée par l'employeur au moment de la paye.

§ 2. — Le paiement du salaire effectué sous déduction de la retenue de 5 % vaut acquit de cette contribution à l'égard du salarié de la part de l'employeur.

§ 3. — L'assuré est tenu de verser entre les mains de l'employeur sa contribution sur les sommes reçues par lui directement ou par l'entremise d'un tiers à titre de pourboires, évaluées forfaitairement conformément à l'article 2 du présent décret.

Art. 19-§ 1. — L'employeur dresse, chaque mois, distinctement, pour chacun de ses établissements, un relevé des sommes payées dans le mois précédent, à titre de remunération, à chacun des salariés occupés par lui et pour lesquels il doit opérer un versement. Il porte également sur ce relevé le décompte de la contribution dont le versement lui incombe pour chacun des intéressés.

§ 2. — Ces relevés doivent être conformes à un modèle arrêté par l'office national des assurances sociales. Ils sont adressés à l'office compétent dans les dix premiers jours du mois pour les salaires payés le mois précédent.

§ 3. — L'employeur doit justifier, dans les conditions qui seront indiquées sur le modèle de relevé visé aux paragraphes précédents et suivant les modalités employées par lui, qu'il a opéré le versement des contributions dont il est redevable.

Art. 20-§ 1. — L'employeur peut se libérer du montant des contributions qu'il est tenu d'acquitter, soit en espèces à la caisse départementale, soit sous la forme d'un mandat-carte de versement au compte de chèques postaux de la caisse départementale, soit sous celle d'un chèque postal de virement à ce compte, soit sous celle d'un chèque barré émis à l'ordre de la caisse départementale, soit par virement de compte à compte émis au profit du compte ouvert à cette caisse par la Banque de France, soit par le moyen du recouvrement postal prévu à l'article 23 ci-après, soit enfin par l'apposition de timbres « assurances sociales ».

§ 2. — Sous réserve des dispositions de l'article 23-§ 3 du présent décret, les versements sont opérés dans les dix premiers jours de chaque mois.

§ 3. — La caisse départementale fait connaître journellement, à l'office compétent le détail, par l'employeur, des sommes qu'elle a reçues.

§ 4. — Elle porte à une section spéciale de sa comptabilité les fonds provenant des versements des employeurs; elle ne peut en disposer qu'avec l'agrément de l'office qui, le cas échéant, peut provoquer le créditement prévu à l'article 68-§ 5 de la loi.

ART. 21-§ 1. — Les timbres « assurances sociales » sont émis par l'office national des assurances sociales et mis en vente par l'administration des postes, des télégraphes et des téléphones dans les mêmes conditions que les timbres-poste ordinaires. L'employeur qui veut se libérer au moyen de ces timbres les appose sur le relevé mensuel visé à l'article 19 et conserve, à titre d'acquit, la partie des timbres spécialement réservée à cet effet.

§ 2. — Les timbres et leurs souches sont oblitérés et datés par les soins de l'employeur au moment de leur emploi, soit par une mention manuscrite, soit par l'apposition d'un cachet. L'employeur n'est libéré des obligations que lui impose la présente loi que jusqu'à concurrence de la valeur des timbres constatée à l'office dès l'arrivée du relevé mensuel.

ART. 22-§ 1. — Le produit de la vente des timbres assurances sociales est versé par l'administration des postes, des télégraphes et des téléphones dans les conditions fixées par un arrêté concerté entre le ministre du Travail, le ministre chargé des services des postes, des télégraphes et des téléphones et le ministre des Finances, à un compte spécial ouvert dans les écritures de la caisse des Dépôts et Consignations et géré par elle. La valeur des timbres dont l'apposition a été constatée sur les relevés visés à l'article 19 ci-dessus est transférée, sur l'ordre de chaque office départemental, de ce compte au compte des diverses caisses intéressées et de la caisse générale de garantie.

§ 2. — Les revenus des sommes portées au compte ouvert en conformité du § 1 du présent article sont versés par la caisse des Dépôts et Consignations, à la fin de chaque année, au fonds de garantie et de compensation prévu à l'article 70 de la loi.

ART. 23-§ 1. — A la demande de l'employeur adressée à l'office compétent dans le courant du mois de décembre de chaque année et valable pour l'année suivante, la caisse départementale intéressée peut faire procéder par le service des Postes, des Télégraphes et des Téléphones au recouvrement de la contribution due par l'employeur. Dans ce cas, le versement de l'employeur est augmenté des frais qu'entraîne ce procédé spécial de recouvrement.

§ 2. — Les fonds recueillis par le service des postes sont versés au compte de chèques postaux de la caisse.

§ 3. — Dans le cas où l'employeur fait choix du mode de paiement envisagé au § 1 du présent article, il est tenu d'adresser son relevé à l'office départemental dont il dépend dans les cinq premiers jours du mois.

ART. 24-§ 1. — L'office départemental procède à la vérification des relevés qui lui sont transmis. Il s'assure que le versement correspondant a été régulièrement effectué par l'un des modes prévus à l'article 20-§ 1 du présent décret.

§ 2. — Toute insuffisance de versement constatée est notifiée à l'employeur; celui-ci procède sans délai au versement complémentaire nécessaire et en informe immédiatement l'office départemental.

§ 3. — A l'expiration du délai visé aux articles 20 et 23 du présent décret, l'office poursuit les employeurs retardataires et provoque à leur égard l'application des sanctions énumérées à l'article 64 de la loi.

Art. 25-§ 1. — L'office départemental procède sans délai à la ventilation des cotisations versées entre les différentes caisses intéressées et la caisse générale de garantie, en tenant compte des risques couverts par chacune d'elles ou des prélèvements qui leur reviennent, et conformément aux bases fixées chaque année par un décret rendu sur le rapport du ministre du Travail et du ministre des Finances. Les résultats de cette ventilation sont communiqués par l'office départemental à la caisse départementale, à la caisse générale de garantie et aux différentes caisses primaires intéressées.

§ 2. — La caisse départementale effectue, sur l'ordre de l'office le transfert au compte de la caisse générale de garantie et des caisses primaires des sommes qui leur reviennent.

Art. 26-§ 1. — Les employeurs du commerce et de l'industrie qui, étant inscrits au registre du commerce et de l'industrie, désirent bénéficier de la facilité accordée par l'article 2-§ 2 de la loi, en vue de substituer le versement trimestriel au versement mensuel de la double contribution, doivent adresser une demande à l'office départemental dont ils relèvent. La demande doit être accompagnée de l'engagement : 1° de verser, chaque mois, à titre d'acompte, une somme égale au tiers de la double contribution payée le trimestre précédent; 2° de payer une indemnité de 1 % par mois ou fraction de mois de retard dans le versement des sommes restant dues en fin de trimestre; le produit de cette indemnité sera attribué au fonds de garantie et de compensation, prévu à l'article 70 de la loi.

§ 2. — La demande est considérée comme agréée, si l'office n'a pas notifié son opposition pour irrégularité de la demande dans le délai d'un mois à dater du dépôt de ladite demande.

§ 3. — La faculté du versement trimestriel peut être retirée par l'office, si l'employeur manque aux engagements pris, cesse de remplir les obligations légales ou n'offre plus les garanties exigées.

§ 4. — L'employeur dont la demande a été agréée envoie le relevé prévu à l'article 19 du présent décret, dans les 15 premiers jours de chaque trimestre. Il y porte les renseignements prévus audit article pour chacun de ses établissements et pour chaque mois.

§ 5. — Il effectue, dans le même délai, le versement des sommes restant dues, d'après ce relevé, après l'imputation des acomptes précédemment acquittés. Il impute éventuellement, sur le premier acompte suivant, les sommes versées en trop pour le trimestre précédent.

§ 6. — Le décret prévu à l'article 29-§ 3 de la loi fixera les règles suivant lesquelles seront provisoirement réparties sur l'ordre de l'office, entre les diverses caisses intéressées, les sommes provenant des versements des acomptes, sous réserve de la ventilation définitive des cotisations qui sera opérée chaque trimestre, dès réception du relevé prévu au § 4 du présent article.

Art. 27. — En cas de cession ou de cessation d'un commerce ou d'une industrie, l'employeur est tenu d'adresser sans délai à l'office un relevé des salaires payés depuis le premier jour du mois ou du trimestre en cours et d'acquitter les sommes dont il est éventuellement redevable.

CHAPITRE 3. — Dispositions spéciales aux salariés travaillant a façon, aux pièces, a la tache, a domicile, rémunérés suivant le chiffre d'affaires et aux salariés intermittents.

Art. 28. — Les dispositions des articles 1 à 23 ci-dessus sont applicables aux salariés travaillant à façon, ou aux pièces, ou à la tâche, ou à domicile, ou rémunérés suivant le chiffre d'affaires, lorsque ceux-ci travaillent d'une manière régulière pour le compte d'un seul employeur. Toutefois, l'employeur, sur la déclaration prévue à l'article 5, indique le mode et les éléments de la rémunération aux lieu et place de son montant fixe.

Art. 29-§ 1. — Si les salariés visés à l'article 28 travaillent d'une manière régulière et simultanément pour le compte de plusieurs employeurs, ou s'ils travaillent par intermittence, pour le compte du même ou des mêmes employeurs, ou encore s'ils sont occupés par des employeurs successifs pour des travaux temporaires ou occassionnels, leur rémunération totale annuelle est évaluée forfaitairement par l'office départemental en vue de leur immatriculation d'après le salaire moyen des ouvriers ou employés de la même catégorie professionnelle et de la même région, après consultation des organismes prévus à l'article 2 du présent décret.

§ 2. — Les employeurs qui utilisent le concours de salariés dans les conditions prévues au § 1 du présent article, sont tenus de produire la déclaration prescrite par l'article 5 du présent décret, selon les formes et sous les réserves énoncées par ledit article. Il est tenu lieu de cette déclaration par l'acommplissement des formalités prévues au § 3 ci-après.

§ 3. — Le versement prévu par les articles 2-§ 1, 3-§ 3 et 69-§ 5, 7º de la loi est calculé sur la rétribution effective de ces salariés; il est opéré uniquement sous forme de timbres « assurances sociales » apposés dans les conditions prévues à l'article 21 sur des relevés individuels d'un modèle spécial arrêté par l'office national. Ces relevés sont envoyés par chaque employeur à l'office départemental dont il relève après chaque cessation de travail et au moins à la fin de chaque mois.

§ 4. — Si l'office départemental constate que, pour un assuré visé au § 1 du présent article, le total des rémunérations mensuelles ayant servi de base aux versements atteint 15.000 francs, il en avise l'intéressé; ce dernier cesse, ainsi que son ou ses employeurs, d'être soumis aux obligations de la loi jusqu'à l'expiration de l'année en cours.

Art. 30-§ 1. — Le salarié immatriculé dans les conditions prévus à l'article 29 a la faculté de demander à l'office départemental dont il relève, outre la carte d'assurances sociales, des feuilles périodiques d'un modèle fixé par l'office national et sur lesquelles les employeurs sont tenus de mentionner, au fur et à mesure des réglements de compte, la valeur totale des timbres apposés sur le relevé individuel établi conformément à l'article précédent.

§ 2. — Ces feuilles, valables pour trois mois au maximum, servent à l'assuré de pièces justificatives pour l'attribution des prestations, sous réserve du règlement par l'employeur des contributions correspondantes. Elles peuvent être adressées à l'office à l'expiration de chaque période en vue du contrôle des versements.

Art. 31. — L'assuré obligatoire qui, en vertu de l'article 2-§ 5 de la loi, travaille à domicile avec d'autres salariés pour le compte d'un même fabricant, peut être chargé par celui-ci, pour son compte et sous sa responsabilité, de remplir les obligations qui lui sont imposées par la loi.

SECTION II

Prestations.

CHAPITRE 1. — ASSURANCE-MALADIE.

1º *Prestations en nature.*

Art. 32-§ 1. — Conformément au § 2 de l'article 4 de la loi du 5 avril 1928, l'assuré soigné sans hospitalisation, choisit librement son praticien (médecin, spécialiste, chirurgien-dentiste, pharmacien, sage-femme) dès lors que celui-ci est qualifié d'après le paragraphe ci-après pour participer au fonctionnement de l'assurance. Toutefois, en vertu du § 3 du même article, son choix est limité, pour les visites des médecins et sages-femmes à domicile, aux praticiens de la commune où il réside, ou, à défaut, de la commune la plus rapprochée ; l'assuré ne peut faire appel à des des praticiens établis ailleurs qu'à la condition de supporter le supplément de frais pouvant en résulter.

§ 2. — Sont qualifiés pour dispenser les prestations en nature dans les conditions prévues à l'article 4-§ 3 de la loi :

1º Les praticiens affiliés ou non à l'un des syndicats professionnels ayant passé une convention avec la caisse à laquelle appartient l'assuré, s'ils ont adhéré à cette convention par une déclaration adressée à ladite caisse ;

2º Les praticiens qui, n'ayant adhéré à aucune des conventions conclues par la caisse, ont néanmoins, par une déclaration adressée à celle-ci, indiqué celui des syndicats contractants dont ils acceptent le contrôle technique ;

3º Les praticiens qui, n'ayant adhéré à aucune desdites conventions ni indiqué par déclaration celui des syndicats contractants appelé à les contrôler, se soumettent au contrôle technique du syndicat de praticiens désigné par la caisse.

Art. 33-§ 1. — Par application de l'article 4-§ 4 et de l'article 6-§§ 1 et 2 de la loi, l'assuré qui doit être soigné par voie d'hospitalisation exerce librement son choix entre les établissements de soins qui appartiennent à la caisse ou avec lesquels elle a passé des conventions. Il peut s'adresser également à d'autres établissements de soins; mais le supplément de frais pouvant résulter de ce choix, tant pour les soins, médicaments et appareils que pour l'hospitalisation, est laissé à la charge de l'intéressé.

L'assuré soigné dans un établissement appartenant à la caisse ou ayant traité avec elle n'a pas le choix du praticien. Les contrats passés avec les établissements privés peuvent toutefois conférer à l'assuré le droit de choisir son praticien parmi ceux attachés ou non à l'établissement.

§ 2. — Les établissements de soins ne sont tenus d'admettre les bénéficiaires de l'assurance qu'autant qu'ils sont liés par contrat avec la caisse à laquelle appartiennent les intéressés et dans les conditions et sous les garanties qui y sont fixées.

Art. 34-§ 1. — Tout caisse d'assurance qui a pour objet de couvrir le risque-maladie établit, sur la base d'un règlement-type élaboré par l'office national des assurances sociales, un règlement fixant les conditions d'attribution des prestations, le mode de fonctionnement des services de l'assurance et les règles du contrôle auxquelles sont soumis les bénéficiaires. Ce règlement rédigé en conformité avec les stipulations des conventions passées par la caisse intéressée, doit être approuvé par l'office national des assurances sociales.

§ 2. — Le règlement prévu au § 1 détermine notamment :

a) Les formalités que les bénéficiaires de l'assurance doivent remplir et les justifications particulières qui doivent être fournies à la caisse en vue de l'attribution du paiement ou du remboursement des prestations en nature et de l'allocation des prestations en argent;

b) Les conditions et délais d'admission, ainsi que les avantages qui leur sont offerts dans les établissements d'hospitalisation, de prévention, de cure et de convalescence, dispensaires, cliniques, centres d'examen ou de traitement appartenant à la caisse ou avec lesquels elle a contracté;

c) Le taux et les modalités de la participation des assurés, telle qu'elle est prévue par l'article 4-§ 5 de la loi, aux frais médicaux généraux, spéciaux et dentaires, aux frais pharmaceutiques et aux frais d'acquisition ou de renouvellement des appareils;

d) La discipline imposée aux malades ou blessés;

e) Les conditions dans lesquelles peuvent être délivrés, sur ordonnance médicale, les médicaments magistraux, officinaux et les médicaments spécialisés conformément aux lois et décrets en vigueur, et notamment aux décrets des 3 mai 1850 et 13 juillet 1926, et à la loi du 25 avril 1895, ainsi que les appareils, et notamment les appareils de prothèse dentaire (fonctionnels ou nécessaires à l'assuré pour l'exercice de sa profession);

f) Les conditions dans lesquelles les frais médicaux et pharmaceutiques sont vérifiés, pour éviter qu'ils ne soient abusifs, et les cas où la caisse peut, soit refuser de payer ou de rembourser ceux de ces frais qui auraient ce caractère, soit en poursuivre éventuellement le remboursement.

ART. 35-§ 1. — Les caisses d'assurance passent, dans les conditions énoncées aux articles ci-après, avec les syndicats professionnels de praticiens et avec les établissements publics hospitaliers ou les établissements privés, notamment les dispensaires, cliniques, hôpitaux, établissements de cure et de prévention, les conventions nécessaires pour assurer leurs services de prestations à domicile et par hospitalisation.

§ 2. — Ne sont admis à traiter avec les caisses d'assurance que les syndicats professionnels de praticiens agréés à cet effet par l'office national des assurances sociales, après avis des principaux groupements professionnels de praticiens.

§ 3. — Les conventions doivent être soumises, avant leur signature, à l'approbation de la commission tripartite instituée par l'article 7-§ 5 de la loi.

ART. 36. — Pour les assurés soignés à domicile, les conventions passées avec les syndicats professionnels de praticiens fixent :

1º Les conditions dans lesquelles sont dispensées les prestations en nature ;

2º Les tarifs applicables pour la rémunération des soins médicaux (généraux, spéciaux et dentaires) et le remboursement des frais de déplacement, ainsi que pour le paiement des médicaments et appareils ;

3º Les modalités du contrôle technique.

ART. 37-§ 1. — Les tarifs applicables pour la rémunération des soins médicaux donnés au domicile de l'assuré ou du praticien sont établis par localités et fixés dans les limites maxima des tarifs syndicaux ordinaires.

§ 2. — Ils sont opposables à tout praticien, affilié ou non au syndicat contractant, qui, comme il est dit à l'article 32 ci-dessus, a, par une déclaration adressée à la caisse, expressément adhéré à la convention.

ART. 38-§ 1. — Les tarifs applicables aux médicaments magistraux, officinaux, aux spécialités et aux appareils, sont, pour les soins donnés au domicile de l'assuré ou du praticien, fixés dans les limites maxima d'un tarif général unique arrêté par le conseil d'administration de l'office national, après avis d'une commission spéciale, sous réserve du droit d'opposition des ministres du Travail et des Finances, tel qu'il est prévu à l'article 189 du présent décret.

§ 2. — La commission spéciale est nommée par le conseil d'administration de l'office national et composée pour un cinquième de représentants des groupements de médecins, de pharmaciens et de fabricants de produits pharmaceutiques, pour un cinquième de membres de l'académie de médecine et de professeurs des facultés de pharmacie, et pour trois cinquièmes de représentants de l'office national des assurances sociales, des caisses d'assurances sociales et de la caisse générale de garantie

§ 3. — La commission n'insère dans ce tarif général les spécialités que si elles sont vraiment irremplaçables ou si elles sont d'un prix moins élevé que les médicaments non spécialisés qu'elles sont destinées à remplacer. Les tarifs, ainsi que les dispositions prévues à l'article 36, 1°, ci-dessus, sont opposables à tout praticien affilié au syndicat contractant. Ces tarifs sont également opposables aux autres praticiens qui ont adhéré expressément à la convention.

ART. 39-§ 1. — Les conventions passées entre les caisses et les établissements publics hospitaliers déterminent :

1° Les conditions dans lesquelles sont admis et hospitalisés les assurés malades ;

2° Les conditions dans lesquelles leur sont donnés les soins ;

3° Les conditions dans lesquelles leur sont fournis les médicaments et appareils ;

4° Les tarifs applicables aux frais d'hospitalisation dans les limites fixées par l'article 6-§ 2 de la loi ;

5° Les modalités du contrôle général exercé par la caisse en vertu de l'article 7-§ 1 de la loi ;

6° Les dispositions prises par l'administration hospitalière pour assurer le contrôle technique.

§ 2. — Les tarifs applicables pour les soins donnés dans les établissements publics hospitaliers et pour les fournitures de médicaments et d'appareils qui y sont effectuées sont fixés, dans les limites maxima prescrites aux deux articles précédents, par des conventions passées par les caisses, soit avec les administrations hospitalières après entente avec les syndicats professionnels composés exclusivement des praticiens attachés à ces établissements, soit avec les syndicats professionnels composés exclusivement des praticiens attachés à ces établissements, après entente avec lesdites administrations hospitalières.

ART. 40-§ 1. — Les conventions passées entre les caisses et les établissements de soins privés déterminent, dans les limites maxima prescrites aux articles 37 et 38 ci-dessus, les conditions dans lesquelles sont admis et hospitalisés les assurés malades, les tarifs applicables aux frais d'hospitalisation et les modalités du contrôle général exercé par la caisse.

§ 2. — Les tarifs applicables pour la rémunération des soins dans ces établissements et pour les fournitures de médicaments et d'appareils qui y sont effectuées, ainsi que les modalités du contrôle technique, sont déterminés dans les limites maxima prescrites aux articles 37 et 38 ci-dessus, par des conventions passées par les caisses, soit avec lesdits établissements de soins après entente avec le syndicat ou l'un des syndicats professionnels de praticiens prévus à l'article 35-§ 2 du présent décret, soit avec ce syndicat après entente avec lesdits établissements.

ART. 41-§ 1. — Sous réserve de la participation de l'assuré aux frais prévue à l'article 4-§ 5 de la loi, les frais médicaux et pharmaceutiques sont pris en charge par les caisses d'assurance, pour les soins donnés tant au domicile du praticien ou de l'assuré que dans les établissements de soins, jusqu'à concurrence des tarifs fixés conformément aux articles 37, 38, 39 et 40 du présent décret.

§ 2. — Dans le cas où l'assuré s'adresse à un praticien ou à un établissement qui n'a pas contracté avec la caisse ou n'a pas adhéré à une convention passée par elle, le tarif des frais médicaux et pharmaceutiques dont la caisse a la charge est celui de la convention passée par ladite caisse avec le syndicat professionnel ou l'établissement de la circonscription à laquelle ressortit l'assuré et, si elle a contracté avec deux ou plusieurs syndicats ou établissements, le tarif le moins élevé.

§ 3. — Les médicaments et appareils qui ne sont pas prévus dans les conventions passées avec la caisse ne sont pris en charge par elle qu'autant qu'ils sont énumérés dans le tarif général arrêté comme il est dit à l'article 38 du présent décret et qu'ils ont été prescrits par ordonnance.

Art. 42-§ 1. — Les conventions ci-dessus prévues déterminent si le montant des frais médicaux, pharmaceutiques ou autres, qui s'y trouvent fixés, est payé par la caisse au praticien, au cas où l'assuré est soigné à domicile, ou, en cas d'hospitalisation, à l'établissement public hospitalier ou à l'établissement privé, ou bien s'il est acquitté par l'assuré à charge de remboursement par la caisse, ou encore s'il peut être acquitté indifféremment, suivant l'une ou l'autre de ces modalités.

§ 2. — Le règlement-type prévu à l'article 34 du présent décret déterminera les formalités à remplir et les pièces à fournir suivant la modalité adoptée par le contrat, pour permettre ce paiement ou ce remboursement.

§ 3. — Les modalités de la participation de l'assuré aux frais médicaux, pharmaceutiques et autres, prévue à l'article 4-§ 5 de la loi, sont fixées dans le règlement intérieur de la caisse prévu à l'article 34 ci-dessus, en conformité avec les stipulations contractuelles qui les concernent.

§ 4. — Lorsque le contrat prévoit le règlement direct desdits frais par l'assuré, la caisse peut faire l'avance de tout ou partie de la part qui lui incombe aux intéressés qui seraient momentanément sans ressources. Les conditions d'attribution et les justifications d'emploi des avances de cette nature seront fixées par le règlement intérieur de la caisse.

§ 5. — Quelles que soient les modalités fixées par les conventions susvisées pour le règlement desdits frais, les bénéficiaires de l'assurance peuvent, en cas d'urgence dûment constatée, obtenir de la caisse, sur justifications, le remboursement de la partie, à la charge de celle-ci, des frais, payés directement par eux, soit au praticien, soit à l'établissement public hospitalier ou à l'établissement de soins privés.

Art. 43-§ 1. — Les frais d'hospitalisation proprement dits dans les établissements qui ont contracté avec la caisse ou dans ses propres établissements ne sont, en vertu de l'article 6-§ 2 de la loi, pris en charge par elle que dans la mesure où ils ne dépassent par les tarifs appliqués dans les établissements publics hospitaliers pour les malades admis au régime de l'assistance médicale gratuite ou pour les victimes d'accidents du travail admises sous le régime de la loi du 9 avril 1898.

§ 2. — Lorsque le bénéficiaire de l'assurance s'est adressé, pour être hospitalisé, à un établissement qui n'est pas lié par contrat avec la caisse, ces frais sont pris en charge par celle-ci dans les mêmes limites.

ART. 44-§ 1. — Le règlement intérieur des établissements de soins appartenant à la caisse détermine les conditions dans lesquelles sont admis et hospitalisés les assurés malades, ainsi que celles dans lesquelles les soins médicaux leur sont donnés, et les médicaments et appareils leur sont fournis.

§ 2. —Dans le cas où la caisse assure, par ses propres praticiens, les soins donnés dans ses établissements, et effectue directement les fournitures de médicaments et d'appareils, la participation aux frais qui incombent aux bénéficiaires de l'assurance, en vertu de l'article 4-§ 5 de la loi, est calculée d'après un tarif de base arrêté chaque année par la caisse.

§ 3. — Dans le cas où la caisse n'assure pas, par ses propres praticiens, les soins donnés dans ses établissements ou n'effectue pas directement les fournitures de médicaments et d'appareils, les tarifs applicables pour ces prestations sont fixés dans des conventions passées avec les syndicats professionnels prévus à l'article 35-§ 2 du présent décret.

§ 4. — Chaque année, les caisses arrêtent les tarifs des frais d'hospitalisation applicables à leurs établissements.

§ 5. — Les tarifs prévus aux paragraphes précédents doivent être soumis à la commission tripartite prévue à l'article 7-§ 5 de la loi, qui ne peut refuser son approbation que si elle les estime trop élevés.

2° *Prestations en argent.*

ART. 45-§ 1. — Pour l'application de l'article 5-§ 1 de la loi, le salaire moyen quotidien sur lequel est calculée l'indemnité journalière, est égal à 1/300e de la rémunération annuelle qui résulte des cotisations obligatoires versées, en vertu de l'article 2-§ 2 de la loi, au compte de l'assuré durant les douze mois ayant précédé la maladie ou l'accident. Lorsque la période d'assurance ne couvre pas ces douze mois, ladite rémunération est celle qui est déterminée par l'office pour l'immatriculation de l'intéressé, conformément à l'article 3 du présent décret.

§ 2. — Le salaire annuel sur lequel l'indemnité est calculée ne peut, en aucun cas, dépasser 15.000 francs.

ART. 46-§ 1. — Lorsque l'assuré malade est logé ou nourri par son employeur et que celui-ci a pris l'engagement, d'accord avec l'assuré, de lui conserver ces avantages en cas de maladie, ainsi qu'à sa femme et à ses enfants, s'il y a lieu, la caisse déduit de la rémunération annuelle de l'assuré, pour le calcul de l'indemnité journalière, le montant des avantages en nature, dont l'assuré continue à bénéficier, et qui sont évalués conformément à l'article 2 du présent décret.

§ 2. — Dans ce cas, l'employeur peut obtenir de la caisse le versement de la fraction de l'indemnité journalière dont l'assuré n'a pas bénéficié en exécution du paragraphe précédent.

§ 3. — Les dispositions des §§ 1 et 2 ci-dessus sont applicables à l'assuré victime d'un accident ne rentrant pas dans les cas visés par la législation sur les accidents du travail.

Art. 47. — Pour pouvoir prétendre à l'indemnité journalière, l'assuré doit s'être strictement conformé, depuis le début de la maladie ou l'accident, à toutes les prescriptions du médecin.

Art. 48. — La caisse à laquelle l'assuré est affilié pour le risque maladie paye, s'il y a lieu, sous sa responsabilité et pour le compte de la caisse générale de garantie, les majorations dues en application de l'article 5-§ 2 de la loi.

Art. 49. — Les journées pour lesquelles est payée l'indemnité journalière sont décomptées comme journées de cotisation dans le calcul du minimum de versement exigé pour avoir ou ouvrir droit aux diverses prestations prévues par la loi.

3° *Contrôle.*

Art. 50-§ 1. — La caisse exerce un contrôle général sur les conditions de fonctionnement de l'assurance-maladie.

§ 2. — Elle peut faire procéder à toutes enquêtes utiles par ses administrateurs, ses sections locales et ses correspondants locaux

Art. 51. — Le contrôle peut s'effectuer suivant les modalités et sous les réserves ci-après déterminées, tant sur les assurés que sur le service des prestations, par l'intermédiaire de médecins contrôleurs et accessoirement de visiteurs et dames visiteuses. Il est assuré sur le service médical et pharmaceutique par l'intermédiaire des syndicats professionnels de praticiens.

Art. 52-§ 1. — Les médecins contrôleurs chargés de la surveillance des malades procèdent à toutes investigations et constatations concernant leur état et leur incapacité de travail. En cas de désaccord avec le médecin traitant, ils avisent la caisse.

Ils ne peuvent s'immiscer dans les rapports du malade et du médecin traitant.

Ils ne doivent pas donner de soins aux assurés.

§ 2. — Des visiteurs et dames visiteuses peuvent, en outre, être chargés de s'enquérir des conditions d'hygiène dans lesquelles vivent les malades, de leur dispenser les prestations en argent et de leur apporter un concours moral.

§ 3. — Les médecins contrôleurs ainsi que les visiteurs ou dames visiteuses signalent, le cas échéant, à la caisse, dans des rapports adressés au service local, les abus, lacunes ou irrégularités qu'ils ont pu constater.

§ 4. — Les bénéficiaires de l'assurance ne peuvent s'opposer au contrôle exercé dans les conditions déterminées par le présent article. Ils peuvent exiger toutefois d'être examinés en présence du médecin traitant.

Art. 53-§ 1. — Le contrôle technique exercé sur les services médicaux et pharmaceutiques est, en ce qui concerne les malades soignés à domicile ou chez le praticien, confié par les caisses aux syndicats professionnels de praticiens avec lesquels elles ont passé un contrat et dans les conditions qui y sont fixées sous réserve du contrôle général appartenant à la caisse et qui ne peut être délégué par elle. Le syndicat professionnel compétent l'exerce, soit sur l'initiative de la caisse, soit de sa propre initiative.

Les syndicats de praticiens ne peuvent, sous peine du retrait de l'agrément qui leur est donné par l'office national des assurances sociales, se soustraire à l'obligation d'exercer ce contrôle. En cas de carence de leur part, la commission tripartite prévue à l'article 7-§ 5 de la loi, prend toute mesure nécessaire pour y parer.

§ 2. — En ce qui concerne les soins, le contrôle technique porte sur le nombre des visites, l'exactitude des certificats, la régularité des ordonnances et, d'une manière générale, la façon dont les prestations sont dispensées par les praticiens.

En ce qui concerne les fournitures de médicaments ou d'appareils, il porte, indépendamment de l'application éventuelle de la législation sur les fraudes, sur la nature et la quantité des prestations fournies et sur l'exactitude des tarifs appliqués par le praticien.

L'exercice de ce contrôle ne peut, en aucun cas, entraver ou retarder l'administration des soins ou la fourniture des médicaments, ni avoir pour effet de substituer à la responsabilité du médecin traitant celles d'autres praticiens.

§ 3. — Les syndicats professionnels signalent aux caisses les abus constatés pour permettre à celles-ci d'exercer séparément ou conjointement avec eux toutes actions contre les auteurs responsables de ces abus.

ART. 54. — Dans le cas où un bénéficiaire de l'assurance reçoit les prestations en dehors de la circonscription de la caisse à laquelle il est affilié, le contrôle général prévu à l'article 50 ci-dessus est confié à la caisse qui a pris en charge le service des prestations sous réserve du droit de regard de la caisse d'origine qui supporte les frais. Le contrôle technique est exercé par l'intermédiaire des syndicats professionnels de praticiens avec lesquels la caisse de rattachement a contracté.

ART. 55-§ 1. — Il est pourvu au contrôle de l'ensemble des services des établissements publics hospitaliers tant par les administrations hospitalières que par les autorités qualifiées à cet effet, conformément aux lois et règlements qui régissent ces établissements et sous réserve du droit de regard de la caisse tel qu'il résulte des conventions passées avec ces établissements.

§ 2. — Le contrôle technique est assuré conformément aux dispositions auxquelles se réfèrent les conventions visées à l'article 39 du présent décret.

ART. 56. — En ce qui concerne les établissements privés et les établissements appartenant à la caisse, le contrôle technique s'exerce par l'intermédiaire de l'un des syndicats professionnels de praticiens avec lesquels la caisse a passé des conventions. Il ne peut être confié à un syndicat composé des seuls médecins de l'établissement.

Ce contrôle s'exerce dans les conditions prévues à l'article 53 du présent décret.

ART. 57-§ 1. — La commission départementale tripartite prévue à l'article 7-§ 5 de la loi est composée de neuf membres dont trois représentants des caisses départementales et des caisses primaires pratiquant les assurances maladie, maternité ou invalidité dans le département, trois représentants de l'office départemental et trois représentants des syndicats professionnels de praticiens, dont un pharmacien. Ces délégués sont élus respectivement dans chaque catégorie par les conseils d'administration ou administrateurs desdits organismes dans les conditions prévues à l'article 298 du présent décret. Ils sont nommés pour quatre ans. Le président de la commission est désigné par l'office national des assurances sociales, parmi les représentants du conseil d'administration de l'office départemental.

§ 2. — Pour l'examen des questions intéressant les chirurgiens-dentistes, la commission s'adjoint, à titre consultatif, un spécialiste désigné par elle.

Pour l'examen des questions relatives à l'application des tarifs pour soins et fournitures de médicaments et d'appareils dans les établissements publics hospitaliers, la commission s'adjoint, à titre consultatif, un conseiller technique désigné par elle.

§ 3. — Les dépenses qui pourront être nécessités par le fonctionnement de la commission sont à la charge de l'office départemental.

Art. 58-§ 1. — La commission tripartite est saisie par lettre recommandée avec demande d'avis de réception des difficultés ou litiges sur lesquels elle est appelée à statuer en vertu de l'article 7-§ 5 de la loi. Les décisions prises par elle doivent être notifiées aux organismes, services ou administrations intéressés.

§ 2. — L'appel devant la section permanente du conseil supérieur des assurances sociales doit être déposé ou parvenir par lettre recommandée avec demande d'avis de réception au secrétariat de la commission tripartite dans les dix jours de la notification. Communication en est donnée dans les dix jours qui suivent aux autres parties intéressées. Il est statué définitivement par la section permanente dans le délai d'un mois à dater de cette dernière communication.

CHAPITRE 2. — Assurance-maternité.

Art. 59-§ 1. — Sous réserve des justifications déterminées par le règlement de chaque caisse, conformément aux dispositions du règlement-type arrêté par l'office national des assurances sociales et ayant à cet égard force obligatoire, l'assurée a droit, dans les conditions prévues à l'article 9-§ 2 de la loi, à une indemnité journalière. En vue du décompte du nombre des cotisations ouvrant droit à cette indemnité, et pour la fixation de son montant, il est fait état des versements opérés antérieurement au début présumé de la grossesse, tel qu'il est attesté par un certificat médical.

§ 2. — L'indemnité journalière est servie, avant l'accouchement, à compter de la sixième semaine qui en précède la date probable, telle qu'elle résulte de l'attestation médicale, et pendant six semaines au plus. Elle est également servie pendant les six semaines qui suivent l'accouchement.

Art. 60-§ 1. — En cas de grossesse pathologique, l'indemnité journalière cesse d'être versée au titre de l'assurance-maternité à dater du jour où l'assurée est admise au bénéfice de l'indemnité de maladie; les prestations en nature et en argent de l'assurance-maladie sont dues à partir de la constatation médicale de l'état morbide et jusqu'à la fin du sixième mois suivant l'accouchement quelle que soit la date de cette constatation.

§ 2. — Si l'intéressée cesse d'avoir droit aux prestations de l'assurance-maladie avant l'expiration du délai visé à l'article précédent, elle peut prétendre de nouveau, pour la période restant à courir, à l'indemnité de repos.

§ 3. — A l'expiration du sixième mois suivant l'accouchement, lorsque la guérison n'est pas intervenue, l'assurée est susceptible de recevoir une pension d'invalidité, si elle remplit par ailleurs les conditions prévues à l'article 11 et éventuellement, à l'article 47 de la loi, au cas où l'intéressée a été assurée obligatoire de la loi des retraites ouvrières et paysannes.

Art. 61-§ 1. — En cas de grossesse pathologique, les frais de traitement et les indemnités journalières sont à la charge de l'assurance-maladie.

§ 2. — Toutefois, les caisses pratiquant l'assurance-maternité continuent de dispenser les soins aux assurées et aux femmes d'assurés en cas de grossesse pathologique et de leur verser les indemnités journalières pour le compte de l'organisme ayant la charge du risque-maladie.

Art. 62. — Les justifications à produire, pour avoir droit aux primes d'allaitement et aux bons de lait, par les assurées qui allaitent complètement leur enfant, et par celles qui ne peuvent l'allaiter que partiellement, sont déterminées par le règlement de chaque caisse, conformément aux dispositions du règlement-type arrêté par l'office national des assurances sociales et ayant force obligatoire à cet égard.

Art. 63. — Les caisses pratiquant l'assurance-maternité exerceront le contrôle général de leurs services ainsi que celui des assurées et femmes d'assurés dans les conditions prévues aux articles 50 à 58 du présent décret.

CHAPITRE 3. — Assurance-invalidité

Art. 64-§ 1. — L'assuré qui prétend au bénéfice de l'assurance-invalidité en application de l'article 10-§ 1 de la loi, adresse à cet effet une demande à la caisse à laquelle il est affilié pour l'assurance-invalidité. Le modèle de cette demande et les pièces à y annexer sont déterminés par l'office national des assurances sociales.

§ 2. — La caisse d'assurance-invalidité provoque l'avis de la caisse d'assurance-maladie à laquelle l'assuré est affilié; elle communique le dossier de la demande à son médecin-contrôleur, qui prodèce à un contre-examen de l'assuré, s'il le juge utile, et donne son avis motivé, au reçu duquel la caisse statue, après avoir vérifié si l'assuré remplit les conditions de versements prévues aux articles 10 et 11 de la loi.

Art. 65. — La caisse d'assurance-invalidité statue dans un délai de deux mois à compter de la réception de la demande; elle fixe en particulier le pourcentage d'invalidité attribué à l'assuré. Elle notifie cette décision à l'intéressé et à la caisse à laquelle il est affilié pour le risque-maladie.

Le décret prévu par l'article 10-§ 3 de la loi, déterminera les formes de cette notification.

Art. 66-§ 1. — L'assuré qui conteste le pourcentage fixé par la caisse d'assurance-invalidité, en vertu de l'article précédent, dispose d'un délai de quinze jours pour saisir de sa réclamation le greffier de la justice de paix. Celui-ci provoque, dans ce cas, immédiatement la réunion de la commission technique conformément aux dispositions de l'article 17-§ 3 de la loi.

La même procédure est suivie pour le cas où la caisse d'assurance-maladie entend contester ledit pourcentage.

La caisse d'assurance-invalidité est appelée en cause devant ladite commission.

§ 2. — L'assuré, la caisse d'assurance-maladie et la caisse d'assurance-invalidité peuvent interjeter appel de la décision de la commission technique devant la section permanente du conseil supérieur des assurances sociales. Cet appel doit être déposé ou parvenir, par lettre recommandée avec demande d'avis de réception, au greffe de la justice de paix dans les dix jours de la notification. Les pièces et mémoires remis par les parties sont transmis par le greffe au secrétariat de la section permanente du conseil supérieur des assurances sociales qui statue définitivement dans le délai d'un mois.

Art. 67. — La caisse d'assurance-invalidité détermine, conformément à l'article 10 de la loi, le montant de la pension d'invalidité à attribuer à l'assuré dont la demande a été reconnue fondée.

Elle prélève, sur les fonds provenant de la fraction de cotisation, destinée à couvrir le risque invalidité, le capital constitutif de la pension et le verse à un compte spécial.

Elle notifie le montant de la pension à l'intéressé et à l'office dont il relève.

Sa décision est susceptible de recours devant la commission cantonale instituée par l'article 63 de la loi.

Art. 68-§ 1. — En vue de l'attribution du minimum de pension prévu par le § 7 de l'article 10 de la loi aux assurés âgés de trente ans ou plus au début de l'application de la loi et remplissant les conditions fixées par ce texte, il n'est fait état que des versements effectués d'après les relevés de salaires visés aux articles 19 et 29 du présent décret.

§ 2. — Seules entrent en compte, pour la détermination des minima de pension à appliquer en vertu des §§ 5 et 7 de l'article 10 de la loi, les années entières de versements correspondant chacune au moins à deux cent quarante journées de cotisations.

Art. 69-§ 1. — En cas d'incapacité permanente et absolue de l'assuré admis au bénéfice de la pension d'invalidité, la caisse qui a la charge de cette pension invite la caisse à laquelle l'intéressé appartient pour le risque vieillesse, dès l'expiration de la période fixée par la loi pour la consolidation de la pension d'invalidité, à liquider par anticipation la rente inscrite au compte individuel de celui-ci. Elle procède elle-même à cette opération si elle réunit les deux services invalidité et vieillesse. Ladite rente est l'objet d'une liquidation ramenée à l'âge entier accompli ou à accomplir par l'assuré, dans l'année où il remplit les conditions prévues à l'article 10 de la loi. Elle est réduite en conséquence suivant le coefficient résultant du tarif appliqué par la caisse au cours de la même année,

§ 2. — La caisse détermine la portion de pension à sa charge en imputant sur le chiffre de la pension liquidée celui de la rente de vieillesse calculée conformément au paragraphe précédent.

Art. 70. — En cas d'incapacité partielle ou non permanente, l'imputation des rentes d'assurance-vieillesse inscrites au compte de l'assuré admis à la pension d'invalidité est différée jusqu'à la date où celui-ci atteint sa soixantième année. A partir du premier jour du mois qui suit celui où l'assuré a accompli sa soixantième année, la pension à la charge de l'assurance-invalidité est réduite du montant des rentes susvisées. Toutefois, si lesdites rentes sont supérieures au chiffre de la pension d'invalidité, elles sont substituées à cette pension qui est alors annulée. Le titre de pension est établi dans ce cas, par la caisse qui a la charge de l'assurance-vieillesse.

Art. 71. — Lorsque le bénéficiaire d'une pension d'invalidité a stipulé la réserve du capital des versements effectués à son compte individuel d'assurance-vieillesse, il est déduit de sa pension d'invalidité une rente égale à la rente d'assurance-vieillesse que produirait, à jouissance immédiate, l'abandon des capitaux réservés, cette rente étant liquidée à la date d'entrée en jouissance de ladite pension.

Art. 72. — Sous réserve de l'application de l'article 70 du présent décret, les arrérages des rentes d'assurance-vieillesse sont payés en même temps que les arrérages de la pension d'invalidité, pour le compte de la caisse d'assurance-vieillesse, par la caisse assurant le risque invalidité et sous la responsabilité de celle-ci.

Art. 73. — Lorsque l'assuré peut prétendre à la majoration prévue à l'article 10-§ 8 de la loi, la caisse à qui incombe le risque invalidité communique le dossier de liquidation à la caisse générale de garantie qui statue dans le délai d'un mois.

Art. 74-§ 1. — Il est tenu par chaque caisse assurant le risque invalidité un registre sur lequel sont inscrites les pensions dont la liquidation est intervenue à titre provisoire ou définitif. Y sont également mentionnées la majoration à la charge de la caisse générale de garantie et les rentes d'assurance-vieillesse liquidées.

§ 2. — Un extrait d'inscription provisoire est délivré aux pensionnés pour les cinq premières années de l'invalidité. Il est valable seulement pour les échéances de cette période. Cet extrait est remplacé par un titre définitif à l'expiration de ladite période, si la pension est consolidée conformément à l'article 2-§ 6 de la loi.

§ 3. — Les arrérages de la pension, y compris la majoration à la charge de la caisse générale de garantie, sont dus à partir du premier jour du mois suivant la date d'expiration du délai de six mois écoulé depuis le début de la maladie ou suivant la date de consolidation de la blessure.

§ 4. — Ces arrérages sont payés trimestriellement et à terme échu, les 1er mars, 1er juin, 1er septembre et 1er décembre, aux lieux et dans les formes prévus par le règlement de chaque caisse. Ils peuvent être servis par l'intermédiaire de la caisse à laquelle sont affiliés les assurés pour les prestations de l'assurance-soins aux invalides.

§ 5. — Les arrérages des pensions d'invalidité courus à la date du décès de l'assuré sont payés à ses héritiers, ou à son conjoint pour le compte de ceux-ci, sur la production de l'acte de décès et sur la présentation de pièces établissant la qualité des ayants droit.

§ 6. — Les oppositions autorisées par les lois ne peuvent être notifiées valablement pour les pensions qu'à la caisse chargée du paiement des arrérages.

Art. 75-§ 1. — Le paiement est fait au porteur de l'extrait d'inscription sur la production d'un seul certificat de vie, quel que soit le nombre de termes échus à la date de ce certificat. Ce certificat, exempté du droit de timbre conformément à l'article 62-§ 1 de la loi, peut être délivré par le maire de la résidence de l'assuré.

§ 2. — Le certificat de vie doit être fourni à l'appui de chaque demande de renouvellement de l'extrait de l'inscription.

§ 3. — Un arrêté concerté entre les ministres du Travail et des Finances déterminera les justifications qu'aura à fournir, à défaut de la production d'un certificat de vie, le pensionné qui se présentera en personne, muni de son titre de pension, pour percevoir ses arrérages.

Art. 76-§ 1. — La caisse d'assurance-maladie doit, dans la mesure de ses ressources, prendre toutes dispositions propres à prévenir l'invalidité pendant la période de maladie.

§ 2. — Elle doit notamment signaler à la caisse à qui incombe le risque invalidité, les assurés dont la maladie, en se prolongeant au delà de deux mois, fait présager une invalidité future ou paraît exiger des soins spéciaux, tel qu'un traitement dans des établissements de prévention ou de cure.

§ 3. — Ces soins peuvent être, d'un commun accord entre les deux caisses, dispensés par celle qui assure le risque invalidité, à charge de remboursement des frais par la caisse d'assurance-maladie.

§ 4. — Éventuellement, la caisse assurant le risque invalidité peut assumer la charge de ces soins pour les rendre plus prompts et plus efficaces.

Art. 77-§ 1. — Pendant les cinq premières années de l'invalidité, le pensionné bénéficie des prestations en nature de l'assurance-maladie, à la condition de participer aux frais médicaux et pharmaceutiques, conformément à l'article 4-§ 5 de la loi.

§ 2. — Ces prestations sont dues au pensionné par la caisse dont il dépendait pour l'assurance-maladie. Lorsqu'il s'agit de dispenser les soins que réclame son état d'invalidité, ladite caisse se met en rapport avec celle à qui incombe le risque invalidité; elle agit de concert avec elle, chaque fois que l'état de l'intéressé nécessite des soins spéciaux, une intervention chirurgicale ou un traitement dans un établissement de prévention ou de cure.

§ 3. — Les dépenses afférentes à ces prestations et concernant les assurés affiliés aux caisses d'un même département pour les soins aux invalides sont réparties sur l'ensemble des adhérents de ces caisses, dans les conditions qui seront fixées par un décret rendu sur la proposition du ministre du Travail et du ministre des Finances.

§ 4. — L'organisme à qui incombe le risque invalidité peut, au cours de la période quinquennale ci-dessus visée, prendre à sa charge, par des conventions passées avec les caisses d'assurance-maladie, tout ou partie des soins susceptibles de réduire ou de faire disparaître l'état d'invalidité.

ART. 78-§ 1. — Pendant les cinq premières années de l'invalidité, les dispositions des articles 50 à 58 du présent décret relatives au contrôle de l'assurance-maladie restent applicables à l'assuré invalide.

§ 2. — Au cours de cette période, à son expiration, et après un délai de cinq années, la caisse procède, en application des §§ 5 et 6 de l'article 12 de la loi, à toute expertise médicale sur la capacité de travail restant à l'intéressé. Cette expertise a lieu et la caisse statue, dans les conditions fixées aux articles 64 et 65 du présent décret, sous réserve du droit de l'assuré et de la caisse d'assurance-maladie de contester la décision de la caisse d'assurance-invalidité, conformément à l'article 66 du présent décret.

§ 3. — A la suite de ces expertises, la caisse, s'il y a lieu, supprim la pension.

CHAPITRE 4. — ASSURANCE-VIEILLESSE

1° Dispositions générales.

ART. 79. — Le compte individuel de chaque assuré prévu à l'article 14-§ 1 de la loi indique, d'une part, les versements effectués, d'autre part, les rentes éventuelles auxquelles ces versements donneront droit. lorsque l'intéressé atteindra l'âge de soixante ans.

ART. 80. — Les caisses d'assurance qualifiées pour pratiquer l'assurance-vieillesse d'après les articles 261 et 262 du présent décret sont tenues de communiquer, dans les conditions déterminées par l'office national, à tout assuré qui le demande, le montant des rentes éventuelles inscrites à son compte.

ART. 81-§ 1. — Les demandes de liquidation de pension sont présentées, avant l'anniversaire de naissance à compter duquel est réclamée cette liquidation, dans les formes et le délai fixés par l'office national des assurances sociales. Elles sont adressées à l'office départemental dont l'intéressé relève. L'office en donne récépissé à l'intéressé.

§ 2. — A compter du premier jour du mois qui suit celui au cours duquel il a atteint l'âge servant de base à la liquidation de la pension, l'assuré cesse, en application de l'article 3-§ 1 de la loi, d'être garanti pour les divers risques et d'être soumis à des versements.

ART. 82. — Les demandes présentées comme il est dit à l'article précédent sont transmises par l'office départemental, avec toutes indications et justifications à l'appui, à la caisse générale de garantie, chaque fois que l'intéressé est susceptible d'avoir droit au minimum de pension prévu par la loi. Dans le cas contraire, le dossier est renvoyé à la caisse d'assurance pour liquidation des droits de l'assuré.

Art. 83. — La caisse générale de garantie détermine des droits de l'assuré à un complément de pension, avec ou sans majoration, compte tenu des rentes résultant des versements portés à son compte individuel. Elle notifie le montant de ce complément de pension à la caisse d'assurance, en lui transmettant le dossier de la demande, et à l'assuré, par l'intermédiaire de l'office dont il relève.

Art. 84. — En vue de l'attribution du minimum de pension prévu à l'article 15-§ 3 de la loi, aux assurés âgés de trente ans ou plus au début de l'application de la loi et remplissant les conditions fixées par cet article, il n'est fait état que des versements effectués d'après les relevés de salaires visés aux articles 19 et 29 du présent décret.

Art. 85. — L'âge servant de base à la liquidation des rentes est celui qu'atteint l'assuré à l'anniversaire de naissance immédiatement postérieur à la date du dépôt de sa demande.

Art. 86-§ 1. — En ce qui concerne les assurés qui ont droit à la liquidation anticipée de leur pension en application de l'article 17 de la loi, le minimum de pension auquel ils pourraient prétendre à soixante ans est égal à autant de trentièmes de la pension normale qu'ils ont effectué d'années de versements. Le complément de pension à attribuer sur cette base est calculé comme si l'assuré avait soixante ans d'âge. Il est l'objet d'une liquidation ramenée à l'âge de l'entrée en jouissance et réduit en conséquence suivant le coefficient résultant du tarif visé à l'article 88 du présent décret. La rente de vieillesse calculée d'après le tarif visé au § 2 de l'article 96 du présent décret est l'objet d'une réduction analogue suivant le coefficient résultant du tarif appliqué par la caisse au cours de l'année de l'opération.

§ 2. — Entrent en compte dans les vingt-cinq années exigées par l'article 17 précité de la loi, pour l'admission au bénéfice de la liquidation anticipée de la retraite, les années où l'intéressé a effectué, antérieurement à la date de mise en vigueur de la loi, les versements prévus par la loi sur les retraites ouvrières et paysannes sous réserve qu'il justifie, conformément à l'article 13-§ 2 de la loi, du minimum de cinq années de versements sous le régime des assurances sociales.

Art. 87-§ 1. — Lorsque l'assurée ajourne, conformément à l'article 3-§ 1 de la loi, la liquidation de ses droits à la retraite, au delà de l'âge de soixante ans, les rentes éventuelles à inscrire à son compte individuel pour les versements effectués après cet âge sont calculées en vue d'une entrée en jouissance fixée à l'âge de soixante-cinq ans.

§ 2. — Dans ce cas, les rentes portées au compte individuel sont revisées, au moment de la liquidation de la pension, d'après l'âge servant de base à cette liquidation suivant qu'elles ont été inscrites au compte avant ou après l'âge de soixante ans. Elles sont calculées respectivement d'après le coefficient, soit d'ajournement, soit de réduction, résultant du tarif appliqué par la caisse dans l'année où intervient l'opération.

Art. 88. — Si l'assuré, qui remplit les conditions d'âge et de versements requises pour bénéficier d'un complément de pension, ne demande qu'ultérieurement la liquidation de sa pension, le complément qui lui est attribué est égal à celui de la rente qu'eût produite ledit complément s'il avait été versé, chaque année, au compte de l'assuré et capitalisé, jusqu'à la liquidation, au taux d'un tarif fixé annuellement par un arrêté concerté du ministre du Travail et du ministre des Finances.

Art. 89-§ 1. — N'entrent pas en compte, dans le calcul du complément de pension prévu par les articles 15 et 17 de la loi, les rentes provenant des versements supplémentaires effectués au titre de la loi sur les assurances sociales. Les assurés en conser-vent le bénéfice indépendamment de la pension à laquelle ils peuvent avoir droit.

§ 2. — Les assurés et anciens assurés obligatoires, qui n'ont pas droit au minimum de retraite garanti aux termes de l'article 15-§§ 1 et 3 de la loi, conservent leurs droits à la fraction de la rente de vieillesse correspondant aux versements effectués à leur compte individuel.

Art. 90-§ 1. — Il est tenu par chaque caisse d'assurance un registre sur lequel sont inscrites les retraites dont la liquidation est définitive.

§ 2. — L'extrait d'inscription à délivrer au titulaire de la pension est établi sous la forme d'un livret muni de coupons. Un décret rendu sur la proposition du ministre des Finances et du ministre du Travail déterminera les modalités d'application de la présente disposition.

Art. 91-§ 1. — Les arrérages des pensions sont payés trimes-triellement et à terme échu, les 1er mars, 1er juin, 1er septembre 1er décembre de chaque année. Ils sont dus à partir du premier jour du mois qui suit celui au cours duquel l'assuré a atteint l'âge de base à la liquidation.

§ 2. — Le paiement est effectué sur présentation du livret par la caisse ou ses représentants accrédités. Le décret prévu à l'article précédent fixera les conditions dans lesquelles sera effectué le paiement des arrérages.

§ 3. — Les caisses d'assurance payent, sous leur responsabilité et pour le compte de la caisse générale de garantie, les complé-ments de pension, en même temps que les rentes dont elles ont la charge.

§ 4. — Les arrérages de pensions courus à la date du décès de l'assuré sont payés à ses ayants droit, sur le présentation de pièces établissant leur qualité et sur la production de l'acte de décès.

§ 5. — Les oppositions autorisées par les lois ne peuvent être notifiées valablement pour les pensions, allocations et bonifica-tions, qu'à la caisse chargée du paiement des arrérages.

Art. 92-§ 1. — Les capitaux dont la réserve a été stipulée au profit des ayants droit sont remboursés sans intérêt sur la pro-duction de la carte individuelle de l'assuré, d'un extrait de l'acte de décès et d'un certificat de propriété délivré dans les formes et suivant les règles prescrites par la législation en vigueur.

§ 2. — Lorsque la carte individuelle a déjà été produite à l'appui d'une demande de capital payable au décès, en applica tion de l'article 19 de la loi, à une caisse autre que celle dont relève le compte de l'assuré afférent à l'assurance-vieillesse, il est suppléé à ladite carte par une attestation émanant de la caisse où la pièce a été déposée.

Art. 93-§ 1. — Lorsque, par application de l'article 26-§ 8 de la loi, une mutualité scolaire a demandé à une caisse départementale, au profit de ses adhérents âgés de moins de quinze ans, l'ouverture d'un compte individuel d'assurance-vieillesse, les versements effectués par elle sont portés à un compte individuel d'assurance-vieillesse que la caisse départementale ouvre par anticipation au nom du mutualiste scolaire. Les rentes correspondantes n'entrent en compte pour le calcul du complément de pension auquel peuvent avoir droit les intéressés, qu'autant que les années de sociétariat accomplies dans la mutualité scolaire sont décomptées, conformément à l'article 50-§ 2 de la loi, pour l'attribution d'un minimum de pension.

§ 2. — Les caisses départementales restent débitrices des rentes correspondant aux versements reçus pour des mutualistes scolaires qui n'ont pas été admis postérieurement dans l'assurance. Les réserves mathématiques afférentes à ces rentes sont transférées à la demande des intéressés, avant la date d'entrée en jouissance desdites rentes, à une caisse autonome mutualiste ou à la caisse nationale des retraites pour la vieillesse.

Art. 94-§ 1. — Lorsqu'un assuré, ayant appartenu à une mutualité scolaire, est titulaire de rentes constituées par la caisse nationale des retraites pour la vieillesse, et que l'entrée en jouissance de ces rentes a été fixée à un âge antérieur à celui auquel il se propose de faire liquider sa pension de vieillesse, il peut, s'il désire que lesdites rentes lui soient payées par la caisse qui lui servira sa pension, adresser à la caisse nationale des retraites pour la vieillesse, deux mois au moins avant l'ouverture des rentes, une demande d'ajournement dans les conditions prévues par l'article 16 de la loi du 20 juillet 1886 modifiée.

§ 2. — L'assuré demande, le moment venu, dans les formes et délais fixés par arrêté du ministre du Travail après entente avec la caisse des Dépôts et Consignations, la liquidation simultanée desdites rentes et de sa pension de vieillesse, afin que l'âge d'entrée en jouissance des deux pensions coïncide.

§ 3. — Ces demandes sont provoquées, le cas échéant, par la caisse d'assurance-vieillesse, si l'intéressé n'a pas précédemment fait valoir ses droits auprès de la caisse nationale des retraites.

§ 4. — Les rentes de la caisse nationale des retraites pour la vieillesse sont portées sur le même titre que la pension de vieillesse. Elles sont payées dans les mêmes conditions et aux mêmes époques que les arrérages de cette pension par la caisse d'assurance-vieillesse et sous sa responsabilité, pour le compte de la caisse nationale des retraites pour la vieillesse qui en rembourse le montant à cette caisse.

2° *Tarifs d'assurance-vieillesse.*

Art. 95-§ 1. — La rente viagère de vieillesse, correspondant aux versements reçus pour le compte d'un assuré du 1ᵉʳ janvier au

31 décembre d'une année déterminée, est calculée d'après le tarif en vigueur, au cours de ladite année, à l'organisme d'assurance-vieillesse responsable de la constitution de la rente viagère et d'après l'âge atteint par l'assuré au cours de cette même année,

§ 2. — Les tarifs sont applicables par période entière d'une année.

Art. 96-§ 1. — Chaque tarif est établi en tenant compte : 1º de l'intérêt composé du capital fixé conformément à l'article 97 ci-après ; 2º des taux de mortalité annuels calculés sur des tables de mortalité spéciales aux assurés et provisoirement, conformément à l'article 14-§ 2 de la loi sur la table de mortalité la plus récente de la population masculine et féminine établie par la statistique générale de France et dite « P. M. F. » ; 3º du remboursement, sans intérêt, des versements effectués au compte individuel de vieillesse de l'assuré, si l'assuré majeur a stipulé ce remboursement ; 4º de la trimestrialité des paiements à terme échu ; 5º de la remise aux ayants droit de l'assuré des prorata au décès, le décès étant réputé devoir survenir en milieu de période et le tarif impliquant en conséquence le paiement d'un capital égal, en moyenne, au huitième de la rente annuelle lors du décès du rentier.

§ 2. — Les tarifs sont établis sur 1 franc de versement et les calculs effectués juqu'à la quatrième décimale inclusivement, avec arrondissement au dixième de millième le plus voisin.

Art- 97-§ 1. — Au cours du troisième trimestre de chaque année, un décret rendu sur la proposition des ministres du Travail et des Finances fixera, pour l'année suivante, le maximum du taux d'intérêt servant de base aux tarifs de toutes les caisses pratiquant l'assurance-vieillesse.

§ 2. — Dans les limites de ce taux maximum, le taux d'intérêt du tarif de chaque caisse, exprimé en chiffre pair de décimes, est fixé d'après le taux moyen d'intérêt accusé, au 31 décembre de l'année de l'inventaire précédent l'élaboration du tarif, par l'ensemble des placements de fonds effectués depuis le début du fonctionnement de la caisse jusqu'à cette date et conservés par elle, mais il doit être inférieur à ce taux, dans la mesure spécifiée ci-après.

§ 3. — L'écart est au moins égal à 40 centimes, si le taux moyen d'intérêt des placements ne dépasse pas 5 %. Si ce taux est supérieur à 5 %, cet écart minimum est augmenté de la moitié de la différence entre le taux de 5 % et le taux moyen effectif d'intérêt des placements, sans qu'il y ait obligation d'adopter un écart supérieur à 2 %.

§ 4. — N'entrent pas en compte les intérêts des placements intercalaires ou temporaires dont la durée ne dépasse pas une année.

Art. 98. — Les excédents éventuels d'actif résultant de l'application des tarifs ainsi établis au calcul des réserves mathématiques recevront les affectations fixées par le décret relatif à la comptabilité des caisses d'assurance prévu par le § 3 de l'article 29 de la loi : ce décret déterminera le mode de calcul des divers postes du bilan actuariel des caisses d'assurance-vieillesse.

Art. 99. — Le taux moyen d'intérêt des placements est évalué d'après le cours d'achat et en faisant état du revenu, des primes de remboursement éventuelles et des éléments particuliers à chaque placement.

Art. 100-§ 1. — Les tarifs applicables aux versements dont la capitalisation commencera l'année suivante sont établis conformément aux dispositions qui précèdent; ils sont communiqués à l'office national des assurances sociales et à la caisse générale de garantie avec tous les éléments justificatifs. L'office national procède à la vérification des calculs. Les tarifs sont soumis à l'approbation du ministre du Travail.

§ 2. — Chaque année, avant le 1er décembre, ils sont, pour chacune des caisses, tenus à la disposition des assurés.

Art. 101. — Les caisses doivent fournir à l'office national, en vue de l'établissement des tables de mortalité prévues à l'article 96 du présent décret, tous les renseignements statistiques qui eur sont réclamés par lui.

5° *Reversibilité des pensions de vieillesse.*

Art. 102. — L'assuré dont les versements ont été effectués à capital aliéné et qui désire faire bénéficier éventuellement son conjoint survivant d'une pension de reversion est tenu d'en faire la déclaration expresse au moment où il réclame la liquidation de sa pension de vieillesse; il déclare en même temps accepter, en ce qui le concerne, la réduction de sa pension propre telle qu'elle résulte du tarif établi par l'article 103 ci-après. La réduction est définitive et irrévocable, même si le conjoint de l'assuré vient à décéder du vivant de celui-ci. L'assuré joint à sa demande de liquidation un extrait de son acte de mariage et un extrait de l'acte de naissance de son conjoint.

Art. 103-§ 1. — La réduction à subir par l'assuré s'applique :

1° A la rente viagère à capital aliéné produite par les versements capitalisés au compte individuel de vieillesse en exécution de l'article 14-§ 1 de la loi;

2° A la majoration éventuelle qui incombe à la caisse générale de garantie pour compléter la pension à concurrence du minimum garantie par l'article 15-§§ 1 et 3 de la loi.

§ 2. — Elle ne s'applique ni à la rente provenant des versements patronaux et ouvriers opérés en exécution de la loi du 5 avril 1910, ni aux rentes de vieillesse servies par application d'un régime spécial de retraites ou correspondant à des versements effectués à la caisse nationale des retraites antérieurement à la mise en application sur les assurances sociales.

Art. 104. — La réduction appliquée à la pension de vieillesse varie avec l'âge atteint par le conjoint de l'assuré entre le 1er janvier et le 31 décembre de l'année où l'assuré a été admis à faire liquider sa pension, conformément au barème ci-après.

AGE atteint par le conjoint au cours de l'année où la liquidation de la pension principale a été effectuée.	RÉDUCTION de la pension principale.	POURCENTAGE de la pension de révision par rapport à la pension liquidée	POURCENTAGE de la pension de révision parrapport à la pension de vieillesse qui aurait été liquidée si la demande de réversion n'avait pas été introduite
	%	%	%
65 ans et plus.	10	50	45
64 à 57 ans	15	50	421/2
56 à 38 ans	20	50	40
37 a 23 ans	15	50	42 1/2
22 ans et moins.	10	50	45

Art. 105. — Pour entrer en jouissance de la pension de réversion, le conjoint bénéficiaire doit justifier qu'il a attient l'âge de cinquante-cinq ans, et joindre à sa demande un extrait de l'acte de décès de l'époux dont il tient ses droits à pension.

Art. 106. — Le conjoint survivant qui a atteint cinquante-cinq ans peut demander l'ajournement de sa pension de réversion entre soixante et soixante-cinq ans. Le décret prévu à l'article 29-§ 3 de la loi, fixera les conditions dans lesquelles cet ajournement sera effectué.

CHAPITRE 5.

DISPOSITIONS COMMUNES A L'INVALIDITÉ ET A LA VIEILLESSE

Art. 107. — N'entrent pas en compte pour la détermination de la pension d'invalidité ou de la pension minimum de vieillesse, les rentes provenant des versements opérés en application de la loi sur les retraites ouvrières ou des versements supplémentaires effectués au titre de la loi sur les assurances sociales. Les assurés en conservent le bénéfice indépendamment de la pension d'invalidité ou de vieillesse prévue par cette loi.

Art. 108-§ 1. — L'assuré retraité pour invalidité qui transporte sa résidence en dehors de la circonscription de la caisse qui lui fait le service de sa pension, en avise l'office de son ancien département en lui indique la caisse fonctionnant dans le département de sa nouvelle résidence, qui a accepté de lui assurer le service des arrérages. A défaut, ce service est assuré par la caisse départementale.

Toutefois, l'assuré qui est affilié à la section spéciale de la caisse nationale des retraites pour la vieillesse, y reste affilié sans avoir à faire d'autre déclaration que celle de son changement de résidence.

§ 2. — Le transfert des réserves mathématiques du compte d'assurance-vieillesse et, s'il y a lieu, du capital de couverture de la pension d'invalidité, est opéré dans le délai d'un mois à compter de l'affiliation de l'assuré à la caisse qui prend la charge du risque ou du service de la pension. Le montant desdites réserves et dudit capital est déterminé d'après l'âge atteint par l'assuré à la date de cette affiliation, et suivant le taux du tarif de la caisse cédante en vigueur à cette date.

§ 3. — La caisse à laquelle le retraité est nouvellement affilié n'est tenue, en ce qui concerne le versement opéré lors du transfert de la réserve mathématique de la pension de vieillesse ou du capital de couverture de la pension d'invalidité, que de garantir un chiffre de rente égal à celui résultant de son propre tarif.

§ 4. — La caisse générale de garantie reste éventuellement tenue de compléter ce chiffre jusqu'à concurrence du minimum de pension garanti par la loi. La caisse cédante annule la rente antérieurement garantie, et, s'il y a lieu, le titre par elle délivré. La caisse cessionnaire inscrit la nouvelle rente à son grand livre et émet, s'il y a lieu, le titre y afférent.

§ 5. — Les dispositions des paragraphes 2, 3, 4 et 5 du présent article sont applicables à l'assuré qui, sans transporter sa résidence en dehors du département, fait choix d'une nouvelle caisse conformément à l'article 9 du présent décret.

CHAPITRE 6. — ASSURANCE-DÉCÈS.

ART. 109-§ 1. — Pour que son décès ouvre droit au profit des personnes désignées au paragraphe 2 ci-après au paiement du capital fixé par l'article 19 de la loi, l'assuré doit avoir été immatriculé depuis un an au moins dans l'assurance, avoir versé pendant une année un minimum de 240 cotisations journalières, et en outre avoir effectué les versements exigés pour l'obtention des prestations de l'assurance-maladie.

§ 2. — Ont droit au versement dudit capital, conformément à l'article 19-§ 3 de la loi :

1° Le conjoint survivant ou les descendants ;

2° A défaut, les ascendants qui étaient à la charge de l'assuré au jour de son décès.

Sont considérés comme tels les ascendants qui, habitant ou non avec l'assuré, recevaient de lui tout ou partie des ressources nécessaires à leur existence.

ART. 110-§ 1. — Les demandes tendant au paiement d'un capital garanti au décès sont adressées à la caisse dont dépendait, pour ce risque, l'assuré décédé.

§ 2. — Lorsque le droit à cette allocation est ouvert au profit de descendants mineurs et s'il n'a pas encore été établi de tutelle dative, le juge de paix du lieu de l'ouverture de la tutelle, en même temps qu'il convoque le conseil de famille, forme, soit d'office, soit à la diligence des parents ou sur l'intervention de toute personne, la demande prévue au paragraphe précédent et désigne l'établissement ou la personne qui aura mandat d'encaisser le montant du capital et de l'employer au mieux des intérêts des mineurs

Art. 111. — Le remboursement de la fraction de cotisation prévu par l'article 19-§ 5 de la loi, au profit des ayants droit de l'assuré déchu du bénéfice de l'assurance-maladie, est effectué sous déduction du prélèvement de 10 % à titre de compensation et de réassurance en application de l'article 32-§ 1 de la loi.

Art. 112. — Si l'assuré décédé a versé chaque année depuis l'âge de seize ans au moins 240 cotisations journalières, la caisse d'assurances paye aux bénéficiaires, en même temps que le capital calculé conformément au paragraphe 1 de l'article 19 de la loi, le complément nécessaire pour porter ce capital au minimum fixé au paragraphe 2 dudit article. Ce versement est effectué par la caisse dont dépendait l'assuré, sous sa responsabilité et pour le compte de la caisse générale de garantie.

CHAPITRE 7. — Charges de famille.

Art. 113-§ 1. — Les allocations pour charges de famille visées à l'article 20 de la loi sont réglées par les caisses dans les mêmes conditions et aux mêmes époques que les indemnités, pensions et capitaux dont elles constituent la majoration. Elles sont revisées chaque fois que les charges de famille se modifient.

§ 2. — Ces allocations sont payées par les caisses d'assurances sous leur responsabilité pour le compte de la caisse générale de garantie.

§ 3. — La majoration de l'indemnité journalière et la majoration de la pension d'invalidité ne peuvent se cumuler. Lorsqu'un assuré titulaire d'une pension d'invalidité bénéficie d'une indemnité journalière, il a droit seulement à la majoration de l'indemnité journalière de maladie.

Art. 114-§ 1. — Les conditions d'affiliation et de versement que doit avoir remplies l'assuré décédé pour qu'il y ait ouverture à l'article 20-§ 5 de la loi, sont les mêmes que celles requises pour l'ouverture du droit aux prestations de l'assurance-décès.

§ 2. — Les demandes de pension temporaire d'orphelins accompagnées des pièces fixées par arrêté du ministre du Travail, sont adressées, par l'intermédiaire de la caisse assurant le risque décès, à l'office départemental dont relevait l'assuré. L'office les transmet à la caisse générale de garantie, qui statue sur les droits des intéressés dans le délai d'un mois à dater de la réception du dossier, et établit le ou les titres de pension temporaire.

Art. 115-§ 1. — Les pensions temporaires d'orphelins sont servies pour le compte de la caisse générale de garantie par la caisse à laquelle l'assuré décédé était assuré pour le risque décès.

§ 2. — Elles sont dues à partir du décès de l'assuré et payables par semestre ou fraction de semestre échu au 1er janvier et au 1er juillet de chaque année.

§ 3. — La caisse de garantie dès qu'elle a liquidé la pension des intéressés avise la caisse assurant le risque décès.

Art. 116. — Le montant des pensions d'orphelins est fixé annuellement sous le bénéfice du minimum prévu par l'article 20-§ 7 de la loi, par décret rendu sur le rapport du ministre du Travail et du ministre des Finances, au vu des propositions du conseil d'administration de l'office national des assurances sociales et du conseil d'administration de la caisse générale de garantie.

CHAPITRE 8.
GARANTIE DU BÉNÉFICE DES ASSURANCES SOCIALES EN CAS DE CHOMAGE.

ART. 117-§ 1. — Pour obtenir la garantie en cas de chômage, prévue aux articles 21 à 25 de la loi, l'assuré obligatoire qui se trouve en état de chômage doit se faire inscrire à l'office public de placement compétent pour le lieu de sa résidence.

§ 2. — Cet office communique à l'office départemental des assurances sociales, dans les cinq premiers jours de chaque mois, une liste comportant les noms, adresses et numéros d'immatriculation des assurés qui se sont fait inscrire comme étant en chômage au cours du mois précédent, ainsi que les périodes pendant lesquelles l'office a constaté leur état de chômage involontaire par manque de travail; l'assuré peut demander à l'office de placement un duplicata des renseignements le concernant.

ART. 118. — Ne peuvent être inscrits ou maintenus sur les listes prévues à l'article précédent :

1º Les assurés qui, en raison de leur profession, ne travaillent pas normalement, comme salariés, deux cent quarante jours par an;

2º Ceux qui ne se soumettent pas au contrôle de l'office, notamment en ne se présentant pas sans motif valable aux convocations qui leur sont adressées;

3º Ceux qui, sans motif valable ou parce qu'ils sont en chômage à la suite d'un différend collectif de travail, refusent d'accepter un nouvel emploi;

4º Ceux qui, sans motif valable, refusent de participer aux travaux de secours organisés par les administrations et les établissements publics pour occuper les chômeurs.

ART. 119. — L'état de chômage ne peut être attesté par l'office public de placement qu'à partir du jour de l'inscription de l'assuré et seulement pour la période pendant laquelle il s'est soumis au contrôle dudit office.

ART. 120. — L'assuré auquel le directeur de l'office public de placement a refusé son inscription ou son maintien sur les listes dressées conformément à l'article 117 ci-dessus ou la délivrance du duplicata prévu au même article, peut se pourvoir devant la commission administrative paritaire de l'office départemental de placement compétent.

ART. 121. — Dans les communes où il n'existe pas d'office public de placement, la section ou le correspondant de l'office remplit le rôle de cet organisme auprès du chômeur et délivre notamment le duplicata prévu ci-dessus dans les mêmes conditions et sous l'autorité et le contrôle de l'office départemental de placement.

ART. 122-§ 1. — Le droit à la garantie du bénéfice des assurances sociales en cas de chômage part, pour le paiement des cotisations, du premier jour ouvrable qui suit l'inscription à l'office public de placement; il cesse pour un mois déterminé, dès que le total des journées de travail salarié et des journées de chômage involontaire par manque de travail, ayant donné lieu à l'application de la garantie, atteint le chiffre de vingt.

§ 2. — L'office départemental des assurances sociales est, en outre, tenu de refuser la garantie, en cas de chômage, aux assurés qui, au cours des douze mois précédant la constatation du chômage, ont obtenu la garantie pendant un total de soixante jours ouvrables.

§ 3. — L'allocation accordée aux chômeurs qui participent aux travaux momentanés de secours visés à l'article 118 ci-dessus est considérée comme un salaire au sens de l'article 2-§ 1 de la loi; les journées pendant lesquelles l'assuré a pris part à ces travaux n'entrent pas en compte pour le détermination de la période durant laquelle il a droit à la garantie en cas de chômage.

ART. 123. — L'office départemental des assurances sociales s'assure que l'assuré remplit les conditions prévues à l'article 22-§ 1 de la loi; il calcule, pour chaque bénéficiaire, le salaire moyen journalier d'après les bases fixées par les articles 1, 2, 3 et 29 du présent décret. Il fait ensuite le total des salaires afférents aux jours ouvrables pendant lesquels l'assuré a été en chômage et a bénéficié de la garantie et détermine les 10 % des salaires ainsi calculés. Il invite la caisse générale de garantie, en lui adressant toutes pièces justificatives, à transmettre les fonds nécessaires dans les conditions à fixer par le décret prévu par l'article 29-§ 3 de la loi, aux caisses d'assurances sociales et, éventuellement, aux institutions et caisses visées à l'article 24 de la loi.

ART. 124-§ 1. — Pendant la période prévue à l'article 122 ci-dessus, au cours de laquelle la caisse générale de garantie verse les cotisations pour le compte de l'assuré chômeur, ce dernier est maintenu dans tous ses droits à l'assurance et reçoit les prestations auxquelles il peut prétendre calculées sur la base du salaire moyen déterminé ainsi qu'il est dit à l'article 123 ci-dessus.

§ 2. — Pendant la période de trois mois qui suit, l'assuré chômeur reste maintenu dans ses droits à l'assurance : les prestations sont alors calculées sur la base de la moitié du salaire moyen.

§ 3. — L'office départemental fait connaître ce salaire moyen à la caisse départementale et, éventuellement, aux caisses primaires auxquelles est affilié l'assuré avec l'indication de la date extrême jusqu'à laquelle l'assuré maintenu en chômage conserve son droit au bénéfice des diverses assurances sociales.

§ 4. — Le droit au versement des cotisations et au bénéfice des prestations de l'assurance disparaît si l'assuré retrouve une occupation régulière rémunérée ou est rayé de la liste prévue à l'article 117 ci-dessus : il est suspendu pendant la période au cours de laquelle l'assuré participe aux travaux de secours prévus à l'article 118 du présent décret.

ART. 123-§ 1. — Pour obtenir l'autorisation prévue par l'article 24 de la loi, les institutions et caisses de chômage visées à cet article doivent satisfaire aux conditions accordées par l'État aux fonds de chômage et aux caisses de chômage syndicales et mutuelles et se soumettre au contrôle administratif prévu à cet effet. Le droit de pratiquer le service de la garantie en cas de chômage et de participer éventuellement aux subventions prévues par l'article 23-§ 4 de la loi, est subordonné à un agrément conféré par arrêté du ministre du Travail; en cas d'irrégularités constatées l'agrément pourra être retiré dans les mêmes formes.

§ 2. — Les institutions et caisses susmentionnées sont tenues d'établir, pour les bénéficiaires, les renseignements prévus à l'article 19 du présent décret, et de les adresser à l'office départemental des assurances sociales.

CHAPITRE 9. — AVANTAGES SUPPLÉMENTAIRES.

ART. 126-§ 1. — Les versements supplémentaires qui peuvent être effectués respectivement par les assurés et les employeurs, en application des articles 2-§ 7 et 56-§ 2 de la loi, sont opérés directement aux caisses énumérées à ce dernier article qui prennent la charge des avantages supplé-mentaires que ces versements ont pour objet d'assurer.

§ 2. — Leur sont applicables les dispositions et tarifs spéciaux prévus par chaque caisse d'assurance et dûment approuvés par l'office national; ces opérations devront faire l'objet d'une comptabilité spéciale.

SECTION III

Régime spécial aux professions agricoles.

ART. 127. — Ne sont pas considérées comme journées de travail salarié celles qui sont accomplies par les exploitants qui se fournissent une aide mutuelle et réciproque, à moins qu'il n'y ait rémunération en espèces.

ART. 128-§ 1. — Pour l'application de l'article 1-§ 2 de la loi, sont considérés comme travaillant d'ordinaire seuls ou avec l'aide des membres de leur famille, conjoint, ascendants ou descendants, les métayers n'employant pas de travailleurs occasionnels plus de soixante-quinze jours par an.

§ 2. — Sont également considérées comme métayers les femmes des métayers qui sont partie au contrat de métayage.

ART. 129-§ 1. — Le salaire journalier servant de base, tant pour la détermination de la qualité d'assuré obligatoire des travailleurs agricoles visés à l'article 1-§ 2 de la loi, et à l'article 128 du présent décret, que pour le calcul des contributions prévues par la loi, est, à titre forfaitaire, le salaire moyen journalier fixé dans les conditions prévues pour l'application de l'article 8 de la loi du 15 décembre 1922, chaque fois que le salaire n'est pas acquitté uniquement ou périodiquement en espèces.

§ 2. — En ce qui concerne les métayers assurés obligatoires, le salaire annuel servant de base pour le calcul de la double contribution et des prestations est, dans tous les cas, le salaire annuel obtenu en multipliant le salaire journalier visé au paragraphe 1 du présent article par le nombre moyen annuel des journées de travail des ouvriers agricoles fixé en exécution de l'article 8 de la loi du 15 décembre 1922.

Art. 130-§ 1. — Un arrêté concerté entre le ministre du Travail et le ministre de l'Agriculture fixera le modèle des déclarations à fournir par l'exploitant agricole ou le propriétaire de corps de biens et du bulletin individuel que le salarié ou le métayer aura la faculté d'adresser à l'office dont il relève.

§ 2. — L'office départemental, en notifiant à l'employeur, à l'assuré et en transmettant aux caisses d'assurance intéressées, dans les conditions prévues à l'article 12 ci-dessus, les indications prévues audit article, fait connaître en outre :

1° La catégorie de travailleurs dans laquelle chaque salarié a été rangé parmi celles établies pour l'application de l'article 8 de la loi du 15 décembre 1922 ;

2° Suivant le cas, le salaire moyen annuel ou journalier comprenant tous avantages en nature, tel qu'il résulte, pour l'année en cours, de l'arrêté préfectoral pris conformément à l'article 8 précité.

§ 3. — Les dispositions des articles 28 à 30 du présent décret sont applicables aux assurés obligatoires des professions agricoles qui remplissent les conditions prévues à l'article 28 précité.

Art. 131-§ 1. — Les caisses d'assurances ou de réassurances mutuelles agricoles et les syndicats agricoles ou unions de syndicats de agricoles, fonctionnant dans les conditions de la loi du 25 février 1927 portant codification des lois ouvrières (Livre III du code du travail et de la prévoyance sociale), peuvent être autorisés par l'office départemental à servir d'intermédiaire aux employeurs agricoles :

a) Pour l'établissement et l'envoi des déclarations et des renseignements à fournir en vertu des articles 1-§ 3 et 46-§ 3 de la loi ;

b) Pour l'établissement et l'envoi des relevés de salaire ;

c) Pour la tenue du livre de paye institué par l'article 55 de la loi ou de tous autres documents en tenant lieu ;

d) Pour la transmission des contributions ouvrières et patronales.

L'autorisation sera de droit lorsque ces organismes compteront 500 adhérents, assurés ou cotisants.

L'office départemental pourra, en cas d'irrégularités constatées, opérer le retrait des autorisations accordées en vertu du présent article, sans préjudice de la responsabilité éventuelle de l'employeur, en cas de non-envoi ou de retard dans l'envoi des pièces et contributions susvisées par lesdits organismes.

§ 2. — Les employeurs affiliés à l'un de ces organismes sont présumés, sauf déclaration contraire adressée à l'office compétent, vouloir utiliser leur intermédiaire dans les cas prévus au paragraphe 1 du présent article.

Art. 132-§ 1. — Les conditions dans lesquelles doit être tenu le livre de paye institué par l'article 55 de la loi, seront déterminées par un arrêté pris de concert par le ministre du Travail et le ministre de l'Agriculture.

§ 2. — Le même arrêté pourra prévoir la substitution au livre de paye de tous autres documents répondant au même objet, tels que les carnets de travail ou les feuilles de paye collectives ou individuelles.

Art. 133-§ 1. — Le versement des contributions dues par les métayers visés à l'article 1-§ 2, de la loi et par leurs propriétaires est effectué, à l'époque de chaque réglement de comptes, et au moins une fois par an, pour la période courue depuis le précédent règlement et non antérieurement couverte au point de vue de l'assurance. Si cette période comprend une fraction de trimestre, le versement est porté au chiffre correspondant au nombre de trimestres immédiatement supérieur. En outre, si la période à courir jusqu'au règlement suivant est supérieure à un trimestre, le propriétaire est tenu d'effectuer des versements provisoires, à titre d'acompte, dans les conditions fixées par un arrêté pris de concert par le ministre du Travail, le ministre des Finances et le ministre de l'Agriculture.

§ 2. — Les métayers ne sont pas tenus au versement des contributions patronales afférentes à l'emploi des ouvriers qui travaillent avec eux et qui sont rémunérés par le propriétaire. Ces contributions sont à la charge de celui-ci.

§ 3. — Les métayers sont tenus au versement des contributions patronales afférentes aux ouvriers qu'ils rémunèrent. Toutefois, lesdites contributions leur sont remboursées par les propriétaires dans la proportion où ceux-ci participent aux récoltes.

§ 4. — Au cas où un métayer exploite des terres appartenant à plusieurs propriétaires, la ventilation des cotisations dues par chacun d'eux est effectuée sur des bases qui seront fixées par un arrêté pris de concert par le ministre du Travail et le ministre de l'Agriculture.

TITRE II

ASSURANCE FACULTATIVE

CHAPITRE 1. — Dispositions générales.

Art. 134. — Les fermiers, les cultivateurs, les métayers non visés à l'article 1 de la loi, les artisans, les petits patrons, les travailleurs intellectuels non salariés et autres personnes visées à l'article 37 de la loi, qui, remplissant les conditions énoncées audit article 37 et à l'article 38, désirent être admises au bénéfice de l'assurance facultative, en font la demande à l'office du département de leur résidence, soit directement, soit par l'intermédiaire des caisses dont elles ont fait choix. Cette demande doit être conforme à un modèle spécial arrêté par l'office national et comporter en annexe les pièces justificatives exigées par cet office.

Art. 135-§ 1. — Les intéressés indiquent les risques contre lesquels ils désirent se garantir et les caisses visées à l'article 253 du présent décret auxquelles ils demandent à être affiliés pour chacun de ces risques.

§ 2. — Ils peuvent être couverts, soit contre tous les riques prévus à l'article 1 de la loi, soit seulement contre un ou plusieurs d'entre eux. Toutefois, ils ne peuvent s'assurer contre l'invalidité qu'en s'assurant également contre la vieillesse.

Art. 136-§ 1. — L'office départemental s'assure que les intéressés remplissent les conditions prévues par la loi pour bénéficier de l'assurance facultative. Il transmet les demandes à la caisse ou aux caisses qui ont été désignées par les intéressés. Ces caisses peuvent faire subir à ceux-ci, s'ils désirent s'assurer en vue des risques maladie, maternité, invalidité ou décès, les visites médicales qui leur paraissent nécessaires. Ces visites ont lieu aux frais de la caisse.

§ 2. — L'office procède, s'il y a lieu, après avoir recueilli l'avis des organismes intéressés et vérifié les contrats d'assurance préparés par la caisse, à l'immatriculation de l'intéressé et lui délivre une carte d'assurance sociale du modèle arrêté par l'office national.

§ 3. — Si l'immatriculation est refusée, l'assuré peut se pourvoir dans les formes et délais prévus aux articles 314 et suivants du présent décret.

§ 4. — L'office départemental doit être appelé à approuver, avant mise à exécution, tout avenant au contrat primitif.

Art. 137. — Les assurés facultatifs sont tenus de faire connaître à l'office départemental, en fournissant toutes justifications utiles, tous changements survenus après leur immatriculation dans leur situation soit en ce qui concerne leur profession, leurs revenus annuels, le produit annuel de leur travail ou leur situation de famille, soit, s'ils exploitent des terres, dans la consistance et la nature de l'exploitation, lorsque ces modifications sont susceptibles de modifier leurs droits à l'assurance.

Art. 138-§ 1. — Au vu des renseignements produits par l'intéressé ou recueillis directement par l'office, cet établissement peut, en ce qui concerne l'assurance-maladie, prononcer la radiation de tout assuré qui ne vit plus principalement du produit de son travail ou dont le produit du travail annuel dépasse le maximum fixé par la loi.

§ 2. — La radiation ne prend effet qu'à l'expiration du semestre qui suit celui où elle a été notifiée par lettre recommandée. L'assuré bénéficie des prestations pour tout risque survenant avant ce terme. La réduction correspondante des cotisations de l'assuré a, toutefois, effet du premier jour du deuxième trimestre qui suit la notification de la radiation, à moins que l'intéressé ne déclare reporter, à partir de cette même date, sur les assurances décès, invalidité ou vieillesse, la fraction de sa cotisation afférente à la maladie.

Art. 139-§ 1. — La cotisation de l'assuré facultatif est payable d'avance à la caisse départementale ou primaire à laquelle l'assuré est affilié et par tous les modes de versement appropriés prévus à l'article 20 du présent décret. En cas de non-versement de la cotisation dans les dix jours qui suivent la date où elle est exigible, la caisse en poursuit le recouvrement aux frais de l'assuré.

§ 2. — Chaque caisse départementale ou primaire est tenue d'adresser à l'office départemental, dans les dix jours qui suivent la réception des versements effectués au titre de l'assurance facultative, le relevé desdits versements, ainsi que les indications nécessaires à l'identification des parties versantes, conformément à un modèle établi par l'office national des assurances sociales. L'office provoque le créditement des organismes intéressés en vue de l'application des articles 41-§§ 1 et 2, 42 et 69-§ 5, 1º et 12º de la loi.

ART. 140-§ 1. — Le décompte du nombre ou du montant des cotisations ouvrant droit aux prestations d'assurance facultative est arrêté : 1º à la fin du trimestre qui précède le début de la maladie ou l'accident non garanti par la législation sur les accidents du travail ou le décès; 2º à l'anniversaire de naissance servant de base à la liquidation de la pension de vieillesse, et 3º, en ce qui concerne la maternité, au début de la période prévue à l'article 9-§ 2 de la loi.

§ 2. — L'assuré facultatif est dispensé du paiement de la fraction de ses cotisations afférente à l'assurance-maladie, pendant la période où il reçoit des prestations en argent.

ART. 141. — Lorsque l'assuré facultatif effectue occasionnellement un travail salarié, la double contribution obligatoire est versée, dans les conditions prévues aux articles 29 et 30 du présent décret, relatifs aux salariés intermittents. L'assuré peut demander que cette contribution soit portée à son compte et déduite du montant des cotisations exigibles pour les trimestres suivants au titre de l'assurance facultative.

ART. 142. — L'assuré facultatif n'a droit ou n'ouvre droit aux prestations de l'assurance qu'autant qu'il a acquitté les versements correspondant, pour l'assurance-maladie, à un trimestre; pour l'assurance-décès, à une année. Il n'a droit, éventuellement, à un minimum de pension en cas de vieillesse ou aux majorations prévues à l'article 41-§ 1 de la loi, qu'autant qu'il a acquitté régulièrement ses cotisations trimestrielles pendant le nombre d'années requis par la loi.

ART. 143. — Les assurés facultatifs qui, après une mise en demeure, ont omis d'acquitter à l'échéance trimestrielle réglementaire le montant de leurs cotisations, sont déchus, pour les risques qui surviendraient postérieurement à cette échéance, de tout droit aux prestations de l'assurance. Toutefois, les caisses d'assurance peuvent, à titre exceptionnel, prévoir dans leur règlement un délai supplémentaire de paiement et subordonner l'obtention de ce délai au paiement d'intérêts de retard.

ART. 144. — La valeur de réduction des contrats d'assurance-décès, d'assurance-vieillesse et d'assurance-invalidité, en cas de résiliation, est déterminée suivant l'âge des intéressés à la date de résiliation, d'après un barème arrêtè par l'office national des assurances sociales.

ART. 145-§ 1. — Les assurés radiés de l'assurance obligatoire comme cessant d'être des salariés ou des métayers visés à l'article 1 de la loi peuvent être admis dans l'assurance facultative, conformément aux dispositions de l'article 43-§ 2 de la loi, s'ils restent dans les catégories de personnes visées à l'article 37 de la loi.

§ 2. — Ils ne sont pas soumis aux conditions prévues à l'article 38-§ 1 de la loi, s'ils font partir leur inscription dans l'assurance facultative du 1er janvier qui suit la date à laquelle leur radiation de l'assurance obligatoire leur a été notifiée.

ART. 146-§ 1. — Les salariés radiés de l'assurance obligatoire comme touchant un salaire supérieur de plus de 1.000 fr. au salaire maximum prévu par la loi peuvent, également, être admis au bénéfice de l'assurance facultative, mais seulement pour les risques décès, invalidité et vieillesse.

§ 2. — S'ils désirent user de cette faculté, ils doivent en faire la demande à l'office départemental. Leur demande n'est recevable que si les intéressés entrent dans l'assurance facultative à dater du 1er janvier qui suit la date à laquelle leur radiation de l'assurance obligatoire leur a été notifiée. Les intéressés ne sont pas soumis aux conditions prévues à l'article 38-§ 1 de la loi.

Art. 147. — Les assurés facultatifs garantis en cas de maladie ou de maternité, qui deviennent assurés obligatoires, sont réputés remplir les conditions prévues par l'article 5-§ 3 et l'article 9-§ 2 de la loi, pour l'attribution des prestations maladie et maternité, s'ils ont versé, au cours des trois mois qui précèdent le début de la maladie, l'accident ou l'état de grossesse, des cotisations égales à celles qu'ils auraient dû verser sous le régime de l'assurance obligatoire. Si ce minimum n'est pas atteint, les intéressés peuvent le compléter par des versements facultatifs.

Art. 148. — Les conditions de transfert des réserves mathématiques afférentes aux rentes et avantages que s'est constitué l'assuré facultaitf qui passe dans l'assurance obligatoire ou inversement, seront déterminées par le décret prévu à l'article 29-§ 3 de la loi.

CHAPITRE 2

DISPOSITIONS PARTICULIÈRES CONCERNANT L'ASSURANCE FACULTATIVE ET L'ASSURANCE SPÉCIALE DES FEMMES D'ASSURÉS.

Art. 149-§ 1. — Peuvent obtenir à leur choix le bénéfice de l'assurance facultative ou celui de l'assurance spéciale définie à l'article 43-§ 4 de la loi, les femmes non salariées des assurés obligatoires ou facultatifs. Indépendamment de celles qui ne s'adonnent à aucun travail salarié, sont réputées non salariées celles dont le nombre de journées de travail salarié accomplies habituellement au cours de chaque trimestre est inférieur à 30.

§ 2. — Peuvent également obtenir, en vertu des articles 37 et 38 de la loi, le bénéfice de l'assurance facultative :

a) Les femmes des assurés obligatoires ou facultatifs qui exercent une profession distincte de celle de leur mari.

b) Les femmes des assurés facultatifs qui travaillent avec leur mari dans l'établissement ou l'exploitation de celui-ci, sous réserve de justifier de la qualité d'assuré de leur mari.

§ 3. — La femme d'un assuré ne peut être immatriculée ou maintenue du vivant de son mari dans l'assurance facultative ou dans l'assurance spéciale que si son mari est ou reste lui-même immatriculé dans l'assurance.

§ 4. — Les femmes d'assurés qui désirent obtenir l'assurance spéciale en font la demande à l'office départemental. Cette demande doit être conforme à un modèle prévu et comporter en annexe les pièces fixées par arrêté du ministre du Travail.

§ 5. — L'office départemental procède à l'immatriculation et ultérieurement, s'il y a lieu, à la radiation des intéressés dans les mêmes conditions que pour l'assurance facultative.

Les dispositions prévues à l'article 136 ci-dessus sont applicables au cas de l'assurance spéciale.

Art. 150-§ 1. — La femme qui bénéficie de l'assurance spéciale n'a droit éventuellement aux prestations en nature de l'assurance-maladie et de l'assurance-maternité que si son mari, assuré obligatoire, remplit lui-même les conditions de versements auxquelles est subordonnée l'attribution des mêmes prestations, ou, s'il est assuré facultatif, lui assure de son propre chef le bénéfice de ces prestations.

§ 2. — Elle a droit à une majoration de l'indemnité journalière en cas de maternité, égale à celle fixée pour l'assurance-maladie à l'article 5-§ 2 de la loi, aux majorations de pensions prévues aux articles 10-§ 8 et 15-§ 2 de la loi et, éventuellement, aux majorations pour charges de famille.

Art. 151. — Les femmes bénéficiaires de l'assurance spéciale peuvent, si elles deviennent veuves ou divorcées, continuer à bénéficier de cette assurance, dans les conditions prévues à l'article 43-§ 4 *b* de la loi. Elles doivent en faire la demande à l'office départemental dans un délai de six mois à partir du décès de leur mari ou du jugement prononçant leur divorce. Elles ne bénéficient des avantages prévus par la loi que si elles versent les cotisations pendant ce délai.

TITRE III

DISPOSITIONS SPÉCIALES AUX BÉNÉFICIAIRES DE DIVERSES LÉGISLATIONS DE PRÉVOYANCE ET D'ASSISTANCE.

SECTION I.

Bénéficiaires de la législation
sur les retraites ouvrières et paysannes

CHAPITRE 1

DISPOSITIONS CONCERNANT LES ASSURÉS DE LA LOI DU 5 AVRIL 1910

Art. 152. — Les assurés obligatoires des retraites ouvrières âgés de soixante à soixante-cinq ans au moment de la mise en vigueur des assurances sociales qui n'auront pas réclamé et obtenu précédemment la liquidation de l'allocation viagère de la loi sur les retraites ouvrières, et qui remplissent par ailleurs les conditions fixées à l'article 47-§ 1 de la loi du 5 avril 1928, pourront être immatriculés dans les assurances sociales et en bénéficier tant qu'il conservent la qualité d'assuré obligatoire, jusqu'à l'âge de soixante cinq ans, ou jusqu'à la liquidation de l'allocation viagère si celle-ci est demandée par eux avant soixante-cinq ans.

Art. 153. — Les assurés obligatoires des retraites ouvrières âgés d'au moins cinquante-cinq ans à la date de mise en vigueur des assurances sociales pourront obtenir, à compter de leur précédent anniversaire de naissance, la liquidation de leurs droits dans les conditions de la loi sur les retraites ouvrières et paysannes.

Ils cessent, dans ce cas, à dater dudit anniversaire, de pouvoir être immatriculés dans les assurances sociales.

Art. 154-§ 1. — Les assurés obligatoires des retraites ouvrières âgés d'au moins cinquante-cinq ans au moment de la mise en vigueur de la loi du 5 avril 1928, qui auront été immatriculés dans les assurances sociales en qualité d'assurés obligatoires, auront droit à l'allocation viagère et à la bonification prévues par la loi sur les retraites ouvrières s'ils remplissent les conditions fixées à l'article 15-§ 4 de la loi sur les assurances sociales.

§ 2. — La liquidation de ces allocations et bonifications peut être réclamée à toute année d'âge accomplie entre cinquante-cinq et soixante-cinq ans. Par applications des dispositions combinées des articles 3-§ 1 et 15-§ 4 de la loi, les intéressés cessent, à partir de l'anniversaire de naissance à compter duquel ils réclament la liquidation de leurs droits, d'être assurés pour les risques autres que la vieillesse. Ils ne peuvent prétendre, dans tous les cas, aux allocations et bonifications susvisées qu'à compter de la date à laquelle ils cessent, soit en application du paragraphe précédent, soit parce qu'ils ne continuent plus à travailler, de participer à l'assurance.

Art. 155-§ 1. — Les assurés qui ont obtenu à soixante ans ou postérieurement la liquidation des allocations et bonifications de la loi des retraites ouvrières dans les conditions des articles précédents, conservent la faculté d'ajourner jusqu'à soixante-cinq ans au plus tard la liquidation totale de leurs droits et de bénéficier jusqu'à l'époque de cette liquidation, du transport à leur compte des arrérages des allocations et bonifications susvisées.

§ 2. — Les assurés visés à l'article 153 ont, en outre, la possibilité de percevoir lesdits arrérages par titre spécial.

§ 3. — Les assurés obligatoires des retraites ouvrières dont les droits aux allocations et bonifications ont été liquidés antérieurement à la mise en vigueur des assurances sociales peuvent soit continuer à percevoir les arrérages de ces allocations et bonifications au moyen d'un titre spécial, soit les faire transférer à leur compte.

Art. 156. — Les formes dans lesquelles doivent être présentées les demandes de liquidation des allocations et bonifications de la loi sur les retraites ouvrières sont déterminées par le ministre du Travail.

Art. 157. — Les rentes inscrites en application de la loi sur les retraites ouvrières subissent, en cas de liquidation effectuée avant soixante-cinq ans. une réduction calculée d'après le coefficient qui résultera, pour l'âge servent de base à la liquidaion, des tarifs prévus par la loi sur les retraites ouvrières et calculés à un taux fixé annuellement par un décret rendu sur la proposition du ministre des Finances et du ministre du Travail.

Art. 158-§ 1. — Dès la mise en vigueur des assurances sociales, la liquidation des allocations et bonifications de la loi sur les retraites ouvrières sera confiée à la caisse générale de garantie.

§ 2. — Sous réserve de l'application de l'article 155 du présent décret, les dispositions du décret du 25 mars 1911 modifié restent applicables à l'établissement et à la délivrance des titres ainsi qu'au paiement des arrérages des allocations et bonifications de l'État.

§ 3. — Les caisses d'assurances sociales assurent le paiement des pensions acquises ou en cours d'acquisition de la loi sur les retraites ouvrières et paysannes constituées au profit des assurés adhérant à la caisse de retraites ouvrières dont elles ont pris la suite des opérations. Le remboursement des allocations viagères et des bonifications de la loi sur les retraites ouvrières et paysannes qu'elles ont payées pour le compte de la caisse générale de garantie est effectué par les comptables du Trésor, dans les conditions indiquées à l'article 160 du décret du 25 mars 1911 modifié. Les comptables du Trésor continuent à payer, à charge de remboursement par ladite caisse dans les formes prévues à l'article 159 du même décret, les allocations viagères et les bonifications de la loi des retraites ouvrières échues sur les titres spéciaux déjà délivrés ou qui seront délivrés en application de l'article 5-§ 4 de cette loi.

Art. 159. — Les assurés obligatoires qui rempliront les conditions fixées à l'article 47-§ 1 de la loi du 5 avril 1928 obtiendront les prestations de l'assurance-maladie et de l'assurance-invalidité, dès le début de la mise en vigueur de cette loi, pour les maladies ou blessures survenues postérieurement et jusqu'à la fin du mois qui suit le premier mois entier d'application de ladite loi, sous réserve :

1° De présenter un certificat de l'office dont ils relèvent établissant qu'ils satisfont aux conditions susvisées ;

2° D'avoir acquitté pour la période d'assurance écoulée jusqu'au début de la maladie ou jusqu'à l'accident, et dans la proportion résultant des dispositions de l'article 5-§ 3 de la loi, les cotisations journalières obligatoires.

Art. 160-§ 1. — En cas de décès des assurés au cours de la première année d'application de la loi du 5 avril 1928, leurs ayants droit pourront, conformément à l'article 47-§ 2 de cette loi, prétendre aux allocations aux décès visées à l'article 6 de la loi du 5 avril 1910 modifiée. Ils devront à cet effet adresser à l'office du département dont dépendait l'assuré une demande appuyée des pièces énumerées à l'article 162 du décret du 25 mars 1911 modifié.

§ 2. — L'office procède, s'il y a lieu, à la liquidaiion de l'allotion dont le paiement est assuré, dans les conditions de l'article 164 du décret du 25 mars 1911 précite et pour le compte de la caisse générale de garantie, par la caisse d'assurances sociales chargées du risque décès.

Art. 161-§ 1. — Jusqu'à l'expiration du douzième mois qui suivra la mise en application de la loi, les employeurs pourront obtenir le remboursement des timbres de retraites inutilisés, demeurés en leur possession. Ils devront s'adresser, à cet effet, à l'office national des assurances sociales.

§ 2. — Le montant des remboursements ainsi autorisés sera imputé sur le fonds spécial de la vente des timbres de retraites ouvrières et, s'il y a lieu, après le transfert de ce fonds à la caisse générale de garantie, sur le fonds de majoration et de solidarité.

Art. 162-§ 1. — Les assurés qui, par application de l'article 46-§ 2 de la loi, désirent obtenir le transfert à leur compte individuel d'assurance-vieillesse des versements effectués à leur nom au fonds de réserve des retraites ouvrières par leurs employeurs doivent, dans le délai de deux ans prévu audit article, en faire la demande à l'office du département dans lequel ils travaillent. Cette demande est conforme à un modèle arrêté par l'office national. Elle est transmise à la caisse générale de garantie qui ordonne, s'il y a lieu, le transfert demandé par imputation sur le fonds de majoration et de solidarité.

§ 2. — Les sommes ainsi transféréesdonnent lieu à l'inscription d'une rente viagère avec jouissance à l'âge de soixante ans, calculée d'après le tarif de la caisse en vigueur à la date du transfert et suivant l'âge atteint par l'intéressé à cette date.

Art. 163-§ 1. — En ce qui concerne les assurés facultatifs de la loi du 5 avril 1910, bénéficiaires du régime transitoire de cette loi, âgés de moins de soixante ans lors de la mise en vigueur des assurances sociales, la portion de bonification ou d'allocation de l'État prévue à l'article 48 de la loi du 5 avril 1928 est déterminée d'après le chiffre de la bonification ou de l'allocation complète, au prorata du nombre des années d'assurance durant lesquelles les intéressés ont effectué les versements légaux.

§ 2. — Seules entrent en compte, en ce qui concerne les assurés visés au paragraphe 7 de l'article 36 de la loi du 5 avril 1910, les cartes annuelles comportant un versement minimum de 9 fr.

§ 3. — Pour les fermiers payant moins de 600 francs de fermage par an et les métayers, il n'est tenu compte, dans le calcul de la portion d'allocation acquise, que des cartes comportant au moins le versement prévu à l'article 4-§ 2 de la loi précitée.

§ 4 — La valeur actuelle, à l'âge accompli ou à accomplir par l'assuré au cours de l'année de la mise en vigueur de la loi du 5 avril 1928, de la portion de bonification ou d'allocation viagère acquise par l'intéressé et différée à l'âge de soixante ans, est calculée d'après les tarifs prévus à l'article 96 du présent décret, établis au taux de 5 %, et versée au compte individuel d'assurance-vieillesse, par imputation sur le fonds de majoration et de solidarité.

CHAPITRE 2
LIQUIDATION DES CAISSES DE RETRAITES OUVRIÈRES ET PAYSANNES

Art. 164. — A la date de la mise en application de la loi sur les assurances sociales, les caisses de retraites ouvrières fonctionnant en exécution de l'article 14 de la loi du 5 avril 1910 devront arrêter, d'après l'inventaire établi au 31 décembre de l'année précédente, le montant de l'actif et du passif, calculés conformément aux dispositions du décret prévu par l'article 29-§ 3 de la loi. L'inventaire comportera, au passif, des postes distincts pour les assurés obligatoires et les assurés facultatifs..

Art. 165. — Lorsque l'inventaire établi en exécution de l'article 164 ci-dessus fera ressortir un excédent d'actif, les caisses d'assurances sociales visées à l'article 45-§ 2 de la loi seront tenues, dans les deux mois qui suivront l'arrêté de l'inventaire par le directeur général de l'office national, d'effectuer le versement de la moitié de l'excédent à la caisse générale de garantie. Ce versement est effectué, au choix de la caisse d'assurances sociales, soit en espèces, soit en rentes et valeurs mobilières négociables évaluées au cours du jour de l'inventaire; lorsque la caisse d'assurances sociales est détentrice de titres de propriété ou de créances ou de valeurs mobilières non négociables, elle a le droit de les céder à la caisse générale de garantie.

ART. 166-§ 1. — La moitié des excédents d'actif subsistant après la dévolution prévue à l'article 165 ci-dessus demeure provisoirement à la disposition de la caisse d'assurances sociales et sert à la constitution d'une réserve spéciale au titre des retraites ouvrières et paysannes.

§ 2. — Lors de la disparition du titulaire de la dernière rente viagère constituée par application de la loi du 5 avril 1910, le reliquat éventuel de la réserve spéciale susvisée sera versé à la caisse générale de garantie dans les conditions indiquées à l'article 165 du présent décret.

ART. 167-§ 1. — La caisse nationale des retraites pour la vieillesse dispose d'un délai de 30 ans pour verser à la caisse générale de garantie les excédents d'actif de la section spéciale des retraites ouvrières, à raison, tous les ans, d'un trentième de l'excédent d'actif constaté dans l'inventaire prévu à l'article 164 ci-dessus. Les versements sont suspendus lorsque l'actif de la section spéciale devient inférieur aux onze dixièmes du passif, et le délai de 30 ans ci-dessus prévu est prolongé d'un nombre d'années égal à celui des années pendant lesquelles aucun versement n'aura pu être fait. A l'extinction de la dernière rente viagère servie par la section spéciale au titre de la loi du 5 avril 1910, la valeur du reliquat de l'actif sera versée à la caisse générale de garantie, dans les conditions prévues à l'article 165 ci-dessus.

§ 2. — Si, au cours de la période que comportera la liquidation des opérations de la section spéciale des retraites ouvrières, l'actif de cette section devient insuffisant pour faire face aux engagements pris par elle, l'insuffisance sera couverte par la caisse générale de garantie.

ART. 168. — L'actif des caisses de retraites ouvrières, qui n'ont pas été agréées comme caisses primaires ou dont la suite des opérations n'est pas assurée par une caisse primaire ou par la caisse départementale conformément à l'article 26-§ 4 de la loi sur les assurances sociales, est transféré à la caisse nationale des retraites, section spéciale des retraites, sauf dévolution de la moitié des excédents d'actifs, par application de l'article 45-§§ 2 et 3 de la loi.

CHAPITRE 3. — Cartes et timbres.

ART. 169. — Le montant des timbres apposés sur les cartes de retraites ouvrières des assurés non inscrits aux assurances sociales est porté, conformément aux dispositions de la loi du 5 avril 1910, au compte individuel d'assurance-vieillesse de leurs titulaires.

ART. 170. — Un décret spécial, rendu sur la proposition du

ministre du Travail et du ministre des Finances, déterminera les conditions dans lesquelles seront transférées :

1º Du fonds spécial de la vente des timbres de retraites ouvrières au fonds de majoration et de solidarité de la caisse générale de garantie, les sommes correspondant à la valeur des timbres apposés sur les cartes d'assurance obligatoire, et afférents aux versements obligatoires ;

2º Du compte des caisses d'assurance dispensées de l'emploi des timbres audit fonds de majoration et de solidarité, les sommes correspondant à la valeur des vignettes représentées sur ces cartes ;

3º Du fonds spécial de la vente des timbres de retraites ouvrières aux comptes de assurés facultatifs ouverts dans les caisses d'assurances sociales, le montant des timbres apposés sur les cartes des intéressés ;

4º Du fonds spécial de la vente des timbres de retraites ouvrières aux comptes des assurés obligatoires ouverts dans les caisses d'assurances sociales, le montant des versements supplémentaires représentés en timbres sur les cartes de ces assurés.

SECTION II

Bénéficiaires de la législation des pensions militaires.

ART. 171-§ 1. — Les bénéficiaires de la législation des pensions militaires assurés obligatoires en tant que salariés reçoivent, par l'intermédiaire de la caisse d'assurance à laquelle ils sont affiliés, tant les soins auxquels ils ont droit leur vie durant au titre de l'article 64 de la loi du 31 mars 1919, modifié par celle du 21 juillet 1922, que ceux auxquels ils peuvent prétendre en vertu de la loi du 5 avril 1928.

§ 2. — Ils conservent le bénéfice de tous les droits qu'ils tiennent de l'article 64 de la loi du 31 mars 1919.

§ 3. — Au cas où, tout en étant assurés obligatoires, comme salariés, ils ne rempliraient pas encore ou ne rempliraient plus les conditions exigées pour obtenir les prestations des assurances sociales, les bénéficiaires de la législation des pensions militaires peuvent néanmoins continuer à recevoir les soins auxquels ils ont droit au titre de ladite législation, par l'intermédiaire de la caisse d'assurance à laquelle ils sont affiliés.

§ 4. — Un arrêté concerté entre les ministres du Travail, des Pensions et des Finances déterminera les modalités d'application du présent article et notamment les conditions dans lesquelles la caisse d'assurance sera remboursée.

§ 5. — Conformément à l'article 51-§ 1 de la loi du 5 avril 1928, les bénéficiaires de la législation des pensions militaires, seront, en tant qu'assurés obligatoires comme salariés, dispensés, par mesure exceptionnelle, du pourcentage de participation aux frais médicaux, pharmaceutiques et autres, mis à la charge des assurés malades ou invalides.

ART. 172-§ 1. — Au cours du premier trimestre de chaque année, le préfet de chaque département communique à l'office départemental une copie de la liste des personnes bénéficiaires des soins médicaux et pharmaceutiques en vertu de l'article 64 de la loi du 31 mars 1919.

§ 2. — Le fonctionnaire de l'intendance militaire ou maritime chargé du service des pensions dans le département communique également à l'office départemental, dans les mêmes délais et les mêmes formes, la liste des malades ou blessés de guerre qui ont été pensionnés au titre de la loi du 31 mars 1919 sans avoir droit à la gratuité des soins établis par l'article 64 de ladite loi, et notamment la liste de ceux dont la pension est allouée en vertu des articles 48, 49, 50 et 51 de la loi du 31 mars 1919.

ART. 173-§ 1. — Au vu des listes visées à l'article précédent, l'office départemental relève les indications relatives à tous les pensionnés de la loi du 31 mars 1919 ayant un compte ouvert au titre de l'assurance obligatoire ou facultative. Il établit deux listes distinctes.

§ 2. — La première (liste n° 1) comprend tous les pensionnés assurés obligatoires ou facultatifs.

§ 3. — La deuxième (liste n° 2) comprend les assurés obligatoires qui ont droit à la gratuité des soins, prévue à l'article 172 précité.

§ 4. — Copie de ces deux listes est adressée par l'office départemental au préfet ainsi qu'à la caisse départementale et aux caisses primaires ayant parmi leurs objets l'assurance-maladie et les soins aux invalides.

ART. 174. — Au cours du premier trimestre de chaque année, les caisses susvisées adressent à l'office départemental un état dont le modèle est arrêté par l'office national des assurances sociales, indiquant, en face du nom de chaque intéressé bénéficiaire de la législation des pensions militaires, le nombre de mois pendant lesquels il était régulièrement couvert contre le risque maladie et le risque « soins aux invalides » aux termes de la loi des assurances sociales : chaque mois pendant lequel un assuré n'a été que partiellement couvert comptera pour un mois entier. L'office départemental transmet l'ensemble des états préparés au préfet du département et à l'office national des assurances sociales.

ART. 175. — La surprime mise à la charge de l'État en vertu de l'article 51-§§ 1 et 4 de la loi des assurance sociales, correspond, pour les assurés compris sur la liste n° 1 visée à l'article 173 ci-dessus, à l'aggravation des risques résultant de leur qualité d'invalides de guerre; elle comporte en outre, pour les assurés inscrits sur la liste n° 2, une subvention forfaitaire représentative des soins qui leur sont donnés par l'intermédiaire de la caisse d'assurances sociales et auxquels ils avaient déjà droit du chef de l'article 64 de la loi du 31 mars 1919.

ART. 176. — Au cours du mois de décembre de chaque année, un décret contresigné par les minitres du Travail, des Pensions et des Finances fixe, pour le prochain exercice, le montant de la surprime individuelle dont l'État est redevable aux caisses d'assurances sociales. En ce qui concerne la surprime des assurés de la liste n° 2, ce montant est fixé en s'inspirant notamment de la dépense annuelle par tête d'inscrit non bénéficiaire des assurances sociales constatée pour la pénultième année; il peut varier selon les départements.

Art. 177-§ 1. — Au reçu des états préparés en vertu de l'article 174 du présent décret, le ministre des pensions prescrit le versement, sur le chapitre des soins aux victimes de la guerre, aux comptes ouverts par la caisse des Dépôts et Consignations aux organismes intéressés, des subventions représentatives de l'aggravation des risques et des soins auxquels ont droit les assurés blessés ou malades de guerre.

§ 2. — Une réduction proportionnelle est apportée aux surprimes individuelles des bénéficiaires qui n'ont été couverts, au titre de la loi des assurances sociales, que pendant une fraction d'année.

Art. 178. — En vue de déterminer le prix de revient de la dépense individuelle moyenne incombant à l'État en vertu de l'article 51-§§ 1 et 4 de la loi, les caisses d'assurances sociales et la caisse générale de garantie doivent tenir une comptabilité spéciale des dépenses d'assurance-maladie et invalidité pour les assurés inscrits sur la liste n° 1.

Le décret prévu à l'article 29-§ 3 de la loi fixera les règles de cette comptabilité.

SECTION III

Bénéficiaires de la législation sur les accidents du travail.

Art. 179. — Jusqu'à la publication de statistiques permettant de calculer la probabilité, pour les assurés titulaires de rentes allouées en vertu de la législation sur les accidents du travail, de bénéficier des pensions d'invalidité prévues par la loi sur les assurances sociales dans les conditions fixées par l'article 60 - § 2 de ladite loi, la charge résultant des pensions proportionnelles d'invalidité allouées conformément audit article, en cas d'aggravation de l'état d'invalidité par suite de maladie ou d'accident autre qu'un accident du travail, sera répartie annuellement entre le fonds de garantie prévu par la loi du 9 avril 1898 et la caisse d'assurance-invalidité de l'intéressé, d'après les bases fixées par un décret rendu sur la proposition du ministre du Travail et du ministre des Finances.

Art. 180-§ 1. — Jusqu'à ce que la pension proportionnelle d'invalidité allouée au titre de l'article 60-§ 2 de la loi des assurances sociales soit devenue définitive, dans les conditions fixées au paragraphe 6 de l'article 12 de cette loi, les arrérages en sont payés par la caisse d'assurance-invalidité à laquelle est affilié l'assuré. Ces arrérages lui sont remboursés par les fonds de garantie institué par l'article 24 de la loi du 9 avril 1898 à concurrence de la proportion fixée dans les conditions prévues à l'article précédent.

§ 2. — Dès que la pension est devenue définitive, il est transféré par le fonds de garantie au compte de la caisse d'assurance-invalidité intéressée, une part du capital de couverture, calculé conformément au barème II annexé au décret du 23 mai 1923; cette part est déterminée dans les formes prévues à l'article 179 du présent décret.

§ 3. — Les caisses d'assurances doivent à l'appui de leur demande de remboursement des pensions servies par elles, ou de transfert à leur compte du capital de couverture, fournir les justifications qui seront déterminées par le décret prévu à l'article précédent.

ART. 181-§ 1. — Il n'est dû aucune augmentation de pension, au titre de la loi des assurances sociales, lorsque l'aggravation de l'invalidité de l'intéressé est une conséquence de l'accident antérieur et se produit avent l'expiration du délai de trois ans prévu pour la revision des rentes par l'article 19 de la loi du 9 avril 1898, modifié par la loi du 31 mars 1905.

§ 2. — L'intéressé conserve, en ce cas, l'action en revision prévue par ledit article. Pendant ce délai de trois ans, la caisse d'assurance-invalidité peut, en cas de défaillance de l'intéressé, soit exercer son action en revision, soit lorsqu'une action en revision pour atténuation d'invalidité est introduite par l'employeur ou par l'assureur, assurer la défense de ses droits.

§ 3. — Pendant le même délai, la caisse peut désigner un médecin chargé de la renseigner sur l'état de la victime; le refus par l'assuré de se prêter à la visite décharge la caisse d'assurance-invalidité de toute responsabilité ultérieure en cas d'aggravation reconnue de l'incapacité de travail.

§ 4. — Après expiration du délai de trois ans et lorsque l'intéressé n'a pas fait obstacle au contrôle ci-dessus prévu, l'aggravation ne peut plus ouvrir droit qu'à l'octroi du supplément de pension prévu par les paragraphes 2 et 3 de l'article 60 de la loi des assurances sociales.

SECTION IV

Bénéficiaires des lois d'assistance.

ART. 182-§ 1. — Les communes où les allocations attribuées au titre de la loi du 14 juillet 1905, y compris les majorations mises à la charge de l'État, sont supérieures à la pension d'invalidité ou à la rente ou pension de vieillesse servie à un assuré en exécution de la loi du 5 avril 1928, doivent accorder à celui-ci, s'il est en droit d'être assisté, une allocation réduite égale à la différence entre l'allocation et la rente ou pension. Toutefois, ladite rente ou pension est décomptée, à cet effet, pour le montant qu'elle aurait atteint éventuellement si l'assuré n'avait pas effectué ses versements à capital réservé ou s'il n'avait pas réclamé le bénéfice de l'article 18 de la loi du 5 arvil 1928.

§ 2. — L'allocation réduite due par la commune est attribuée, dans les conditions prévues aux articles 7 et suivants de la loi du 14 juillet 1905, par le conseil municipal et sur la demande écrite de l'intéressé accompagnée des justifications utiles.

§ 3. — Lorsque la demande d'allocation réduite d'assistance est rejetée pour le motif que la rente ou pension est supérieure au chiffre des allocations d'assistance, l'assuré peut renouveler sa demande si la situation qui a motivé le rejet vient à changer.

ART. 183-§ 1. — Les femmes assurées qui ont droit, en cas de maternité, aux prestations en nature et en argent, sont, de ce fait, et par application de l'article 59-§ 2 de la loi du 5 avril 1928, exclues du bénéfice de la législation sur l'assistance aux femmes en couches et ne peuvent non plus prétendre aux primes d'allaitement prévues par la loi du 24 octobre 1919.

§ 2. — Les femmes d'assurés, non assurées elles-mêmes, qui ont droit aux prestations en nature, peuvent, si elles remplissent par ailleurs les conditions requises pour être admises au bénéfice des lois des 17 juin et 30 juillet 1913, des 23 janvier et 4 décembre 1917 et du 24 octobre 1919 sur l'assistance aux femmes en couches, obtenir les prestations en argent prévues par lesdites lois.

Art. 184. — Un décret rendu sur la proposition des ministres de l'Intérieur, du Travail et des Finances précisera les conditions d'application du paragraphe 3 de l'article 59 de la loi, d'après lequel, bien que les personnes pouvant avoir droit aux prestations de l'assurance-maladie et de l'assurance-invalidité soient privées de la faculté de se réclamer du bénéfice de la loi du 15 juillet 1893, le pourcentage des frais médicaux et pharmaceutiques, si elles sont inscrites sur la liste de l'assistance médicale gratuite, doit rester à la charge de ce service.

TITRE IV
ORGANISATION ADMINISTRATIVE ET FINANCIÈRE

SECTION I
Office national.

CHAPITRE I. — ORGANISATION ET FONCTIONNEMENT.

Art. 185. — Sous l'autorité du ministre du Travail, et dans les conditions fixées par le présent décret, l'office national des assurances sociales exerce, avec le concours des offices interdépartementaux et départementaux, les attributions qui lui sont conférées par l'article 68 de la loi du 5 avril 1928.

Art. 186. — Le conseil d'administration de l'office national, constitué par la section permanente du conseil supérieur des assurances sociales, comme il est prévu aux articles 68 et 72 de la loi du 5 avril 1928, est, conformément audit article 68-§ 3, présidé par le ministre du Travail. Un décret pris sur le rapport du ministre du Travail désigne le vice-président parmi les membres du conseil d'administration.

Art. 187. — Le conseil d'administration de l'office national se réunit au moins une fois tous les trois mois. Il est, en outre, convoqué par son président toutes les fois que les besoins du service l'exigent.

Le conseil ne peut valablement délibérer que si le tiers au moins des membres en exercice assiste à la séance. En cas de partage, la voix du président de la séance est prépondérante.

Les procès-verbaux sont signés par le président et le secrétaire.

Dans les dix jours qui suivent la séance, les procès-verbaux sont envoyés au ministre du Travail et au ministre des Finances.

Art. 188. — Le conseil d'administration délibère sur les objets visés à l'article 68-§ 3 de la loi du 5 avril 1928, ainsi que sur les

questions qui lui sont soumises par le ministre du Travail ou par
le directeur général de l'office national.

Art. 189. — Les délibérations du conseil d'administration, à
l'exception de celles qui, en vertu du présent décret, doivent
être soumises à approbation, sont exécutoires de plein droit, s'il
n'y a pas opposition du ministre du Travail ou du ministre des
Finances, dans les vingt jours qui suivent la communication à eux
faite des délibérations.

En cas d'urgence. le ministre du Travail peut, après entente avec
le ministre des Finances, viser une délibération pour exécution
immédiate.

Art. 190. — Le directeur général assure, sous le contrôle du
conseil d'administration, le fonctionnement de l'office national.

A cet effet, il prend toutes mesures utiles, soit en exécution des
délibérations du conseil d'administration, soit en vertu des pouvoirs propres qui lui sont conférés par le présent décret.

Il assiste, avec voix consultative, aux séances du conseil.

Il représente l'office en justice et dans tous les actes de la vie civile.

Il accepte provisoirement ou à titre conservatoire, et sans autorisation préalable, les dons qui sont faits à l'office.

Il a sous ses ordres le personnel de l'office national.

Art. 191. — Indépendamment du rapport prévu à l'article 68-
§ 3 de la loi, un compte rendu détaillé sur le fonctionnement des
services de l'office est, à la fin de chaque année, préparé par le
directeur général et soumis à l'approbation du conseil d'administration qui le transmet avec ses observations au ministre du Travail et au ministre des Finances.

Art. 192. — Le directeur général de l'office national des assurances sociales est assisté de trois directeurs nommés par décret sur
la proposition du ministre du Travail et révocables dans les mêmes
formes.

Art. 193-§ 1. — Les traitements du directeur général et des
directeurs seront fixés par un décret rendu sur la proposition du
ministre du Travail et du ministre des Finances.

§ 2. — Ces fonctionnaires sont assimilés, en ce qui concerne le
régime de retraite, au personnel de même catégorie des administrations centrales. Dans le cas où ils ont déjà exercé des fonctions
dans une administration d'État, ils conservent leurs droits à
l'avancement dans leur administration d'origine. La charge afférente à leur pension de retraite est répartie entre le budget de
l'État et le budget de l'office national des assurances sociales au
prorata de la durée respective des services effectués pour le compte
de l'État et de cet établissement public.

Art. 194-§ 1. — Tous les employés et agents de l'office national,
à l'exception des fonctionnaires visés à l'article 192 du présent
décret, sont nommés par décision du directeur général.

§ 2. — Le statut du personnel visé au paragraphe précédent
(cadres, traitements, règles de recrutement, d'avancement et de
discipline, régime de retraites) sera établi par l'office national des
assurances sociales.

§ 3. — Ce statut, ainsi que les modifications qui pourraient y
être apportées, seront soumis à l'approbation du ministre du
Travail et du ministre des Finances.

CHAPITRE 2. — RÉGIME FINANCIER.

Art. 195. — Il est établi pour l'ensemble des dépenses de fonctionnement de l'office national et des offices qui en dépendent un budget unique. Ces dépenses comprennent notamment :

a) Les traitements, indemnités, allocations, frais de mission et de tournées du personnel ;

b) Les dépenses nécessitées par le fonctionnement des divers conseils et commissions prévus par la loi ;

c) Le loyer, l'entretien des locaux, le chauffage, l'éclairage, l'acquisition et l'entretien du mobilier et toutes autres charges immobilières et mobilières ;

d) Les frais d'impression, de bibliothèque, de bureau, de contentieux et de propagande.

Art. 196. — Les services financiers sont exécutés par gestion et par exercice. Il en est rendu compte de la même manière.

La période complémentaire de l'exercice est la même que pour les opérations du budget de l'État.

Art. 197. — Il est fait face aux dépenses par des prélèvements opérés dans les conditions prévues par l'article 68-§ 6 de la loi du 5 avril 1928, sur le fonds de majoration et de solidarité géré par la caisse générale de garantie.

S'il n'y a pas accord entre l'office national et la caisse générale de garantie sur la fixation de ces prélèvements, il est statué définitivement par un décret, rendu sur le rapport des ministres du Travail et des Finances.

Art. 198. — Le budget prévu à l'article 195 est préparé par le directeur général et délibéré par le conseil d'administration de l'office national dans la première quinzaine de novembre pour l'année à venir. Il est approuvé par un arrêté concerté entre le ministre du travail et le ministre des Finances,

Les crédits reconnus nécessaires après le règlement du budget, ainsi que les virements de crédits d'article à article sont autorisés dans les mêmes formes.

Art. 199. — Les deniers de l'office national sont insaisissables et aucune opposition ne peut être pratiquée sur les sommes dues à cet établissement, sauf aux créanciers porteurs de titres exécutoires, à défaut de décision du conseil d'administration, de nature à leur assurer paiement, à se pourvoir devant le ministre du Travail, aux fins d'inscription au budget du crédit nécessaire et, s'il y a lieu, de mandatement d'office.

Art. 200. — Aucune dépense ne peut être engagée que par le directeur général dans la limite des crédits régulièrement inscrits au budget. Le directeur général de l'office national est ordonnateur des dépenses. Il passe les marchés et traités et procède aux adjudications, suivant les règles en vigueur pour les marchés de l'État.

Le directeur général de l'office national, en cas d'absence momentanée et d'empêchement, peut, avec l'autorisation du conseil d'administration, se faire suppléer dans ses fonctions par l'un des directeurs de l'office national spécialement désigné à cet effet.

Art. 201. — Les opérations de l'office national, des offices interdépartementaux et départementaux sont retracés dans une comptabilité administrative tenue par le directeur général de l'office national. Elles sont effectuées par un agent-comptable qui a pour correspondants, dans les départements, les trésoriers-payeurs généraux.

ART. 202. — L'agent-comptable de l'office national est nommé par décret rendu sur la proposition du ministre du Travail et du ministre des Finances. Il peut être révoqué dans les mêmes formes. Il est justiciable de la cour des comptes et soumis aux vérifications de l'inspection générale des finances et du receveur central des finances de la Seine.

Avant son installation, il prête serment devant la cour des comptes et fournit en garantie de sa gestion un cautionnement dont le montant est fixé par décret rendu sur la proposition du ministre du Travail et du ministre des Finances, après avis du conseil d'administration de l'office. Ce cautionnement peut être réalisé, soit en numéraire, soit en rentes sur l'État, soit par affiliation à une association française de cautionnement mutuel.

En cas d'absence momentanée ou d'empêchement, l'agent-comptable fait assurer son service pour son compte et sous sa responsabilité par un agent de l'office, muni d'une procuration régulière et agréé par le directeur général.

ART. 203. — Une hypothèque légale sur les biens de l'agent-comptable est attribuée aux droits et créances de l'office national par application de l'article 2121 du Code civil.

ART. 204. — Toute personne autre que l'agent-comptable qui, sans autorisation légale, se serait ingérée dans le maniement des deniers de l'office national est, par ce seul fait, constituée comptable, sans préjudice des poursuites prévues par l'article 258 du code pénal, comme s'étant immiscée sans titre dans des fonctions publiques.

ART. 205. — Toute saisie-arrêt ou opposition sur les sommes dues par l'office, tout signification de cession ou de transport desdites sommes, et toutes autres ayant pour objet d'en arrêter le paiement, doivent être faites entre les mains de l'agent-comtable.

Sont considérées comme nulles et non avenues toutes significations ou oppositions faites à d'autres personnes que l'agent-comptable.

ART. 206. — L'agent-comptable est soumis, pour tout ce qui n'est pas prévu au présent décret, aux mêmes règlements que les comptables du Trésor.

ART. 207.— Le compte administratif du directeur général de l'office national et le compte de gestion de l'agent-comptable sont soumis chaque année, avant le 1er juillet, au conseil d'administration. Le conseil donne son avis sur la compte du directeur général et prend une délibération spéciale sur les résultats du compte de gestion du comptable.

Le directeur général se retire au moment du vote sur son compte.

Le compte administratif du directeur général, accompagné des observations du conseil d'administration, est soumis, avant le

15 juillet de a même année, à l'approbation du ministre du Travail et du ministre des Finances.

Art. 208. — Des arrêtés pris de concert par le ministre du Travail et le ministre des Finances règlent la forme du budget et des comptes, la tenue des livres et écritures, les rapports entre l'agent-comptable et ses correspondants, et fixent la nomenclature des pièces justificatives des différentes opérations comptables.

Art. 209. — Une décision concertée entre le ministre du Travail et le ministre des Finances déterminera les conditions spéciales dans lesquelles sera exercé le contrôle des dépenses engagées.

Le contrôleur des dépenses engagées a entrée au conseil d'administration de l'office national avec voix consultative pour les questions d'ordre financier.

SECTION II

Offices départementaux et interdépartementaux

Art. 210-§ 1. — Les offices départementaux et interdépartementaux institués par l'article 68-§ 1 de la loi sont placés sous l'autorité de l'office national.

§ 2. — Il appartient à l'office national, sauf approbation par décret rendu sur la proposition du ministre du Travail et du ministre des Finances, de déterminer les départements qui seront pourvus d'un office spécial à leur circonscription et ceux qui seront réunis sous la juridiction d'un office interdépartemental, dont il fixera le siège.

Art. 211-§ 1. — Chaque office départemental ou interdépartemental est administré par un conseil d'administration composé conformément aux prescriptions de l'article 68-§ 4 de la loi.

§ 2. — Le représentant du ministre du Travail, membre de ce conseil, en est président de droit. Le conseil élit tous les ans parmi ses membres un vice-président.

§ 3. — La durée du mandat des administrateurs des offices départementaux et interdépartementaux est de quatre ans.

Art. 212-§ 1. — Le conseil d'administration se réunit au moins une fois tous les trois mois. Il est, en outre, convoqué par son président toutes les fois que les besoins du service l'exigent.

§ 2. — Le conseil ne peut valablement délibérer que si le tiers au moins des membres en exercice assiste à la séance. En cas de partage des voix, celle du président de la séance est prépondérante.

§ 3. — Les procès-verbaux sont signés par le président et par le secrétaire.

Art. 213-§ 1. — Les délibérations du conseil d'administration de chaque office sont communiquées au directeur général de l'office national dans les dix jours qui suivent la séance. Il en est délivré récépissé.

§ 2. — Elles sont exécutoires de plein droit si, dans les vingt jours qui suivent la communication à lui faite, le directeur général de l'office national n'en a pas prononcé l'annulation. En cas d'urgence, le directeur général peut viser les délibérations pour exécution immédiate.

Art. 214. — Un directeur est chargé sous l'autorité du directeur général de l'office national et le contrôle du conseil d'administration de l'office départemental ou interdépartemental, d'assurer le fonctionnement dudit office. A cet effet, il prend toutes mesures utiles, soit en exécution des délibérations du conseil d'administration, soit en vertu de ses pouvoirs propres selon ce que décidera un règlement arrêté par l'office national.

Il prend part, avec voix consultative, aux séances du conseil d'administration.

Il représente l'office en justice et dans tous les actes de la vie civile.

Il est ordonnateur secondaire en ce qui concerne les dépenses des services dont la direction lui est confiée.

Il accepte provisoirement ou à titre conservatoire, et sans autorisation préalable, les dons et legs qui sont faits à l'office.

Il a sous ses ordres le personnel de l'office.

Art. 215-§ 1. — Conformément aux dispositions de l'article 68-§ 4 de la loi du 5 avril 1928, le personnel de direction des offices interdépartementaux et départementaux est nommé par arrêté du ministre du Travail, sur présentation de l'office national des assurances sociales.

§ 2. — Ce personnel sera choisi dans les conditions qui seront déterminées par un décret pris sur la proposition du ministre du Travail et du ministre des Finances, parmi ceux des fonctionnaires et agents ci-après désignés, qui ont été recrutés par voie de concours :

Fonctionnaires du ministère du Travail et du ministère des Finances ;

Employés de l'office national des assurances sociales ;

Employés de la caisse générale de garantie ;

Employés des offices interdépartementaux et départementaux des assurances sociales ;

Agents des services des retraites ouvrières et paysannes dans les départements ;

Employés des préfectures et des sous-préfectures.

§ 3. — Toutefois, et jusqu'au 31 décembre 1930, le ministre du Travail pourra également, dans les conditions visées au paragraphe 1 ci-dessus, nommer à un cinquième de ces emplois des candidats possédant des titres équivalents.

§ 4. — Le décret prévu au paragraphe 2 du présent article fixera les cadres, le statut, les traitements et le régime de retraites du personnel de direction des offices interdépartementaux et départementaux.

Art. 216-§ 1. — Les employés et agents des offices départementaux et interdépartementaux, à l'exception du personnel de direction visé à l'article précédent, sont nommés par le directeur général de l'office national sur la présentation du directeur de l'office départemental ou interdépartemental intéressé.

§ 2. — Sous réserve des dispositions prévues à l'article 333 du présent décret, le statut de ce personnel (cadres, traitements, règles de recrutement, d'avancement et de discipline, régime de retraites) sera établi par l'office national des assurances sociales.

§ 3. — Ce statut, ainsi que les modifications qui pourraient y être apportées, seront soumis à l'approbation du ministre du Travail et du ministre des Finances.

SECTION III

Caisse générale de garantie.

CHAPITRE 1. — ORGANISATION ET FONCTIONNEMENT.

ART. 217. — Sous l'autorité du ministre du Travail et dans les conditions fixées par le présent décret, la caisse générale de garantie exerce les attributions qui lui sont conférées par l'article 71 de la loi du 5 avril 1928.

ART. 218-§ 1. — Les dix-huit membres dont, par application de l'article 71-§ 2 de la loi susvisée, le conseil d'administration est composé, comprennent :

1° Six représentants élus par des conseils d'administration des caisses départementales, parmi lesquels trois assurés et deux employeurs au moins ;

2° Six représentants élus par des conseils d'administration des caisses primaires, parmi lesquels trois assurés et deux employeurs au moins ;

3° Deux membres désignés par le conseil supérieur des assurances sociales ;

4° Deux membres désignés par le ministre du Travail ;

5° Deux membres désignés par le ministre des Finoces.

§ 2. — Un décret pris sur le rapport du ministre du Travail désigne tous les ans, parmi les membres du conseil d'administration et après accord avec le ministre des Finances, le président et le vice-président.

ART. 219. — Les membres élus du conseil d'administration sont désignés pour quatre ans. Le mandat des membres sortants peut être renouvelé.

Cessent de plein droit de faire partie du conseil, les membres qui n'exercent plus les fonctions qui avaient motivé leur désignation. Il est pourvu dans les six mois à leur remplacement. Le mandat des membres nouveaux prend fin à l'époque où aurait normalement cessé le mandat de ceux qu'ils remplacent.

ART. 220. — Le conseil d'administration se réunit au moins une fois tous les trois mois. Il est, en outre, convoqué toutes les fois que les besoins du service l'exigent, par son président, soit d'office, soit sur l'invitation du ministre du Travail ou du ministre des Finances.

Le conseil ne peut valablement délibérer que si le tiers au moins de ses membres en exercice assiste à la séance. En cas de partage, la voix du président de la séance est prépondérante.

Les procès-verbaux sont signés par le président et par le secrétaire. Dans les dix jours qui suivent la séance, les procès-verbaux sont envoyés au ministre du Travail et au ministre des Finances.

Art. 221. — Le conseil d'administration règle par ses délibérations les affaires de la caisse, soit sur la proposition de son président, de ses membres ou du directeur général, soit sur l'initiative du ministre du Travail ou du ministre des Finances.

Art. 222. — Les délibérations du conseil d'administration, à l'exception de celles qui en vertu du présent décret devront être soumises à approbation, deviennent exécutoires de plein droit s'il n'y a pas opposition du ministre du Travail ou du ministre des Finances dans les vingt jours qui suivront la communication à eux faite des délibérations.

En cas d'urgence, le ministre du Travail peut, après entente avec le ministre des Finances, viser une délibération pour exécution immédiate.

Art. 223. — Le directeur général de la caisse générale de garantie assure, sous le contrôle du conseil d'administration, le fonctionnement de la caisse. A cet effet, il prend toutes mesures utiles, soit en exécution des délibérations du conseil d'administration, soit en vertu des pouvoirs propres qui lui sont conférés par le présent décret.

Il assiste avec voix consultative aux séances du conseil.

Il représente la caisse en justice et dans tous les actes de la vie civile.

Il accepte provisoirement ou à titre conservatoire, et sans autorisation préalable, les dons et legs qui sont faits à la caisse générale de garantie.

Il a sous ses ordres le personnel de ladite caisse.

Art. 224. — A la fin de chaque année, un compte rendu détaillé sur le fonctionnement des services de la caisse est préparé par le directeur général et soumis à l'approbation du conseil d'administration, qui le transmet avec ses observations au ministre du Travail et au ministre des Finances.

Art. 225. — Le directeur général de la caisse générale de garantie est assisté d'un directeur adjoint destiné à le remplacer en cas d'empêchement. Ce dernier fonctionnaire est nommé par décret sur la proposition du ministre du Travail, et ne peut être révoqué que dans les mêmes formes.

Art. 226. — Peuvent être nommés directeur adjoint de la caisse générale de garantie :

Les membres du Conseil d'État ou de la Cour des Comptes ayant au moins cinq ans de services au Conseil d'État ou à la Cour des Comptes ;

Les inspecteurs des Finances appartenant au moins à la 3e classe et comptant au moins cinq ans de services dans l'inspection des Finances ;

Les chefs de bureau de l'administration centrale du ministère du Travail, de l'administration centrale du ministère des Finances, de la Caisse des Dépôts et Consignations, hors classe, de 1re ou de 2e classe et exceptionnellement, pour des raisons de service sur lesquelles le conseil d'avancement serait obligatoirement consulté, les chefs de bureau de 3e classe comptant au moins deux années de services dans cet emploi.

Un décret, rendu sur la proposition du ministre du Travail et du ministre des Finances, fixera les conditions dans lesquelles les employés de l'office national des assurances sociales ou de la caisse générale de garantie pourront être nommés à l'emploi de directeur adjoint de la caisse générale de garantie.

Art. 227. — Les traitements du directeur général et du directeur adjoint seront fixés par un décret rendu sur la proposition du ministre du Travail et du ministre des Finances.

Art. 228-§ 1. — Le directeur général et le directeur adjoint de la caisse générale de garantie sont assimilés, en ce qui concerne le régime de retraite, au personnel de même catégorie des administrations centrales.

§ 2. — Dans le cas où ils ont déjà exercé des fonctions dans une administration d'État, ils conservent leurs droits à l'avancement dans leur administration d'origine. La charge afférente à leur pension de retraite est répartie entre le budget de l'État et le budget de la caisse générale de garantie, au prorata de la durée respective des services effectués pour le compte de l'État et de cet établissement public.

Art. 229-§ 1. — Tous les employés et agents de la caisse générale de garantie, à l'exception du fonctionnaire visé à l'article 225 ci-dessus, sont nommés par décision du directeur général.

§ 2. — Le statut du personnel visé au présent article (cadres, traitements, règles de recrutement, d'avancement et de discipline, régime de retraites) sera établi par la caisse générale de garantie.

§ 3. — Ce statut, ainsi que les modifications qui pourraient y être apportées, seront soumis à l'approbation du ministre du Travail et du ministre des Finances.

CHAPITRE 2. — Régime financier.

A. — *Fonds de majoration et de solidarité et fonds de garantie et de compensation.*

Art. 230. — La caisse générale de garantie gère le fonds de majoration et de solidarité et le fonds de garantie et de compensation, en conformité de l'article 71 de la loi du 5 avril 1928,

Les opérations de chacun de ces fonds sont suivies en comptabilité dans une section distincte.

Un décret rendu sur la proposition du ministre du Travail et du ministre des Finances déterminera les conditions dans lesquelles seront effectuées et décrites les recettes et les dépenses prévues aux articles 69 et 70 de la loi précitée.

B. — *Opérations du service administratif.*

Art. 231. — Les opérations du service administratif font l'objet d'un budget annuel et sont suivies dans une section de la comptabilité distincte de celles prévues à l'article 230 ci-dessus.

Les dépenses comprennent tous les frais de fonctionnement et notamment :

a) Les traitements, indemnités et allocations du personnel;

b) Les dépenses nécessitées par le fonctionnement du conseil d'administration;

c) Le loyer, l'entretien des locaux, le chauffage, l'éclairage, l'acquisition et l'entretien du mobilier et toutes autres charges immobilières et mobilières;

d) Les frais d'impression, de bibliothèque et de contentieux.

Il est fait face à ces dépenses par des prélèvements opérés d'abord sur le fonds de majoration et de solidarité et, s'il y a lieu, sur le fonds de garantie et de compensation.

Art. 232. — Le budget est préparé par le directeur général et délibéré par le conseil d'administration dans la première quinzaine de novembre pour l'année à venir; il est approuvé par arrêté concerté entre le ministre du Travail et le ministre des Finances.

Les crédits reconnus nécessaires après le règlement du budget, ainsi que les virements de crédit d'article à article, sont autorisés dans les mêmes formes.

La durée de l'exercice financier est la même que pour le budget de l'État.

Art. 233. — Aucune dépense concernant le service administratif ne peut être engagée que par le directeur général, qui est ordonnateur des dépenses dans la limite des crédits régulièrement inscrits au budget.

Il passe les marchés et traités et procède aux adjudications suivant les règles en vigueur pour les marchés de l'État.

Le directeur général, en cas d'absence momentanée et d'empêchement, peut, avec l'autorisation du conseil d'administration, se faire suppléer dans ses fonctions par un agent de la caisse, spécialement désigné à cet effet.

Art. 234. — Les opérations du service administratif de la caisse sont retracées dans une comptabilité administrative tenue par le directeur général.

C. — *Dispositions générales.*

Art. 235. — Les opérations de recettes et dépenses de la caisse de garantie sont effectuées par un agent-comptable. Celui-ci est nommé par décret rendu sur la proposition du ministre du Travail et du ministre des Finances. Il peut être révoqué dans les mêmes formes. Il est justiciable de la Cour des Comptes et soumis aux vérifications de l'inspection générale des finances et du receveur central des Finances de la Seine.

Avant son installation, il prête serment devant la Cour des Comptes et fournit en garantie de sa gestion un cautionnement dont le montant est fixé par décret rendu sur la proposition du ministre des Finances, après avis du conseil d'administration de la caisse. Ce cautionnement peut être réalisé soit en numéraire, soit par rentes sur l'État, soit par affiliation à une association française de cautionnement mutuel.

En cas d'absence momentanée ou d'empêchement, l'agent-comptable fait assurer son service pour son compte et sous sa responsabilité par un agent de la caisse, muni d'une procuration régulière et agréé par le directeur général.

Art. 236. — L'agent-comptable est chargé, seul, et sous sa responsabilité personnelle, de faire toute diligence pour assurer la rentrée des revenus et créances, les donations et autres ressources da la caisse, de faire procéder contre les débiteurs en retard aux exploits, significations et poursuites et commandements nécessaires, d'avertir, s'il y a lieu, le directeur général de l'expiration des baux, d'empêcher les prescriptions, de veiller à la conservation des dossiers, droits, privilèges et hypothèques et de requérir l'inscription hypothécaire de tous titres qui en sont susceptibles.

Néanmoins, quand il sera nécessaire d'exercer des poursuites, l'agent-comptable devra, avant de les commencer, en référer au directeur général, qui ne pourra y faire surseoir que par un ordre écrit.

L'agent-comptable est chargé d'acquitter les dépenses régulièrement mandatées par le directeur. Il a seul qualité pour opérer tout maniement de fonds ou de valeurs.

Art. 237. — Les deniers de la caisse sont insaisissables et aucune opposition ne peut être pratiquée sur les sommes dues à cet établissement, sauf aux créanciers porteurs de titres exécutoires, à défaut de décision du conseil d'administration, de nature à leur assurer paiement, à se pourvoir devant le ministre du Travail, aux fins d'inscription au budget du crédit nécessaire, ou, s'il y a lieu, de mandatement d'office.

Art. 238. — Une hypothèque légale sur les biens de l'agent comptable est attribuée aux droits et créances de la caisse de garantie par application de l'article 2121 du Code civil.

Art. 239. — Toute personne autre que l'agent-comptable qui, sans autorisation légale se serait ingérée dans le maniement des deniers de la caisse est, par ce seul fait, constituée comptable, sans préjudice des poursuites prévues par l'article 258 du code pénal, comme s'étant immiscée sans titre dans des fonctions publiques.

Art. 240. — Toutes saisies-arrêts ou oppositions sur les sommes dues par la caisse, toutes significations de cessions, de transport desdites sommes et toutes autres ayant pour objet d'en arrêter le paiement, doivent être faites entre les mains de l'agent-comptable. Sont considérées comme nulles et non avenues toutes significations ou oppositions faites à d'autres personnes que l'agent-comptable.

Art. 241. — L'agent-comptable est soumis, pour tout ce qui n'est pas prévu au présent décret, aux mêmes règlements que les comptables du Trésor.

Art. 242. — Le compte administratif du directeur général et le compte de gestion de l'agent-comptable sont soumis, avant le 1er juillet de la deuxième année de l'exercice, au conseil d'administration. Le conseil donne son avis sur le compte du directeur général et prend une délibération spéciale sur les résultats du compte de gestion du comptable.

Le directeur général se retire au moment du vote sur son compte.

Le compte administratif du directeur général, accompagné des observations du conseil d'administration, est soumis, avant le 1er août de la même année, à l'approbation du ministre du Travail, et du ministre des Finances.

Art. 243. — Les arrêtés pris de concert par le ministre du Travail et le ministre des Finances règlent la forme des budgets et des comptes de la caisse de garantie, le tenue des livres de des écritures et fixent la nomenclature des pièces justificatives des recettes et des dépenses.

Art. 244. — Une décision concertée entre le ministre du Travail et le ministre des Finances déterminera les conditions spéciales dans lesquelles sera exercé le contrôle des dépenses engagées.

Le contrôleur des dépenses engagées à entrée au conseil d'administration avec voix consultative pour les questions d'ordre financier.

SECTION IV

Caisses primaires et départementales.

CHAPITRE 1. — Création et aménagement des caisses

Art. 245-§ 1. — Par application de l'article 26-§ 2 de la loi, il peut être créé des caisses primaires par toute société ou union de sociétés de secours mutuels, par tout syndicat professionnel ou union de syndicats, par toute caisse d'assurances ou de réassurances mutuelles agricoles, régulièrement constitués.

§ 2. — Par application de la même disposition législative, les assurés peuvent se grouper spontanément pour la création d'une caisse primaire.

§ 3. — Le service de ces caisses peut s'étendre à leur choix, soit aux risques maladie, soins aux invalides, maternité, décès, soit aux risques maladie, soins aux invalides, décès, soit au risque maternité.

Art. 246-§ 1. — Conformément à l'article 27-§ 1 de la loi, les caisses départementales et primaires ne peuvent être créées qu'avec l'agrément de l'office national.

§ 2. — Ne peuvent obtenir cet agrément, pour une caisse créée par eux, que les organismes fonctionnant régulièrement, dont l'action est limitée aux objets en vue desquels ils ont été fondés en vertu de leur législation propre, et dont les statuts comportent l'interdiction de toutes discussions ayant un caractère politique ou religieux.

Art. 247-§ 1. — L'agrément est, en outre, subordonné, en ce qui concerne les caisses elles-mêmes, aux conditions ci-après :

1.º La caisse doit avoir été inscrite, dans les conditions fixées par la loi du 1er avril 1898, au répertoire des sociétés de secours mutuels ;

2º Elle doit ne se proposer d'autre but ni poursuivre d'autre fin que les opérations prévues par la loi du 5 avril 1928 ;

3º Ses statuts doivent comporter la clause prévue au paragraphe 2 de l'article 246.

§ 2. — Par exception, n'ont pas à demander leur inscription au répertoire des sociétés de secours mutuels les caisses mutualistes de retraites ouvrières, les caisses autonomes mutualistes et les caisses patronales ou syndicales qui participent à la gestion de l'assurance par application des articles 26-§ 4 et 44-§ 1 de la loi.

Art. 248-§ 1. — Pour assurer soit les risques maladie, soins aux invalides, maternité, décès, soit les risques maladie, soins aux invalides, décès, soit le risque maternité, toute caisse primaire doit réunir au moins 500 adhérents, susceptibles d'être immatriculés ou déjà immatriculés dans l'assurance sociale. Dans les deux premier cas, elle doit, en outre, compter 50 % au moins d'assurés de moins de quarante ans.

§ 2. — La condition de répartition par âge prévue au paragraphe précédent n'est pas exigée, et l'effectif minimum est abaissé à 300, lorsque l'employeur ou l'organisme fondateur de la caisse primaire prend l'engagement :

1° De pourvoir éventuellement à l'insuffisance des ressources de gestion ;

2° De combler les déficits résultant du fonctionnement technique ;

3° De déposer, à un compte spécial, à la Caisse des Dépôts et Consignations, un cautionnement constitué en valeurs définies à l'article 31-§ 1, 1° de la loi. Le montant de ce cautionnement sera fixé pour chaque caisse conformément aux dispositions déterminées par un arrêté concerté du ministre du Travail et du ministre des Finances.

§ 3. — Le dépôt du cautionnement peut être remplacé par l'engagement de verser tous les ans, à la caisse départementale, une cotisation supplémentaire de réassurance qui s'ajoute au versement de 10 % prévu à l'article 2-§ 1 de la loi ; le contrat intervenu entre la caisse départementale et la caisse primaire fixe le taux de cette prime supplémentaire, qui doit être approuvé par l'office national des assurances sociales.

Art. 249. — L'agrément ne peut être retiré à une des caisses primaires visées à l'article précédent qui, en cours de fonctionnement, voit la proportion de ses assurés de moins de 40 ans tomber au-dessous de 50 %, que si le dernier exercice annuel a accusé un excédent de dépenses sur les recettes, soit en ce qui concerne l'assurance des risques de répartition, soit en ce qui concerne les dépenses de gestion et d'administration.

Art. 250, § 1. — Pour assurer comme caisse primaire le risque vieillesse, toute caisse visée soit à l'article 26-§ 4, soit à l'article 44-§ 1 de la loi, doit réunir au moins 8.000 adhérents susceptibles d'être immatriculés ou déjà immatriculés dans l'assurance sociale.

§ 2. — L'effectif minimum est abaissé à 2.000 lorsque l'employeur ou l'organisme fondateur de la caisse primaire prend le triple engagement prévu au paragraphe 2 de l'article 248 ci-dessus.

§ 3. — A titre exceptionnel, les caisses de retraites visées à l'article 28 de la loi de finances du 30 décembre 1928, et existant à la date de la promulgation de la loi du 5 avril 1928, qui n'atteindraient pas l'effectif minimum de 2.000 adhérents susceptibles d'être immatriculés dans l'assurance sociale, pourront être autorisées, par décret rendu en Conseil d'État, sur la proposition du ministre du Travail et du ministre des Finances, à fonctionner comme caisses primaires pour le risque vieillesse. Ce décret déterminera, dans chaque cas, les garanties supplémentaires à exiger en sus de celles qui sont prévues à l'article 248-§ 2 du présent décret.

§ 4. — Les caisses primaires d'assurance-vieillesse ne sont pas tenues de pratiquer l'assurance-invalidité.

Art. 251. — Les caisses primaires visées aux articles 248 et 250 ci-dessus qui ne peuvent satisfaire individuellement aux diverses conditions exigées ont la faculté de fusionner en vue de constituer une caisse primaire satisfaisant auxdites conditions.

Art. 252. — Les caisses primaires agréées pour l'assurance des risques vieillesse et invalidité doivent réunir 100.000 adhérents susceptibles d'être immatriculés ou déjà immatriculés. Il leur est laissé toutefois, pour justifier de cet effectif, un délai de deux années.

Art. 253-§ 1. — Une caisse départementale ne peut être agréée qu'autant que, conformément à l'article 37-§ 3 de la loi, elle étend ses opérations à l'assurance facultative et à l'assurance spéciale, et que son règlement comporte les dispositions prévues à l'article 40 de la loi.

§ 2. — Toute caisse primaire qui, en vertu dudit article 37-§ 3, se propose d'entreprendre l'une ou l'autre catégorie de ces opérations, doit insérer dans son règlement les dispositions susvisées et en obtenir l'approbation.

Art. 254-§ 1. — L'agrément ne peut être refusé que si la caisse ne remplit pas les conditions prévues au présent décret.

§ 3. — L'agrément est retiré dans les conditions prévues à l'article 27-§ 3 de la loi.

Art. 255. — Un arrêté du ministre du Travail, pris sur la proposition de l'office national, fixera la liste des pièces à produire par les caisses primaires et départementales à l'appui de leur demande d'agrément.

CHAPITRE 2. — Organisation et fonctionnement.

Art. 256. — Les opérations de toute caisse départementale sont réparties entre trois sections distinctes :

1º Une section de coordination, commune à tous les assurés ; elle est chargée de la centralisation et du transfert des versements conformément à l'article 20 du présent décret ; elle groupe les renseignements afférents à chaque compte individuel et indispensables pour déterminer les droits des intéressés ;

·2º Une section de compensation des risques, commune aux adhérents des caisses primaires de répartition du département, qui prend en charge, jusqu'à concurrence des ressources prévues par l'article 32 de la loi, les insuffisances de recettes de ces caisses pour les risques énumérés à l'article précité ;

3º Une section fonctionnant comme caisse primaire, pour tous les assurés ne relevant d'aucune autre caisse primaire, en ce qui concerne le risque considéré. Cette section comprend des subdivisions pour chacun des risques maladie, soins aux invalides, décès, maternité, vieillesse et invalidité.

Art. 257. — Les statuts de chaque caisse départementale fixent la composition du conseil d'administration et la durée du mandat des administrateurs, conformément aux dispositions de l'article 26-§ 7 de la loi.

Art. 258-§ 1. — Chaque caisse départementale doit avoir un

agent-comptable chargé, sous sa responsabilité et sous le contrôle du conseil d'administration, de l'ensemble des opérations financières de la caisse.

§ 2. — Cet agent-comptable est nommé par le conseil d'administration de la caisse. Sa nomination est soumise à l'agrément du ministre du Travail et du ministre des Finances. Sa gestion est garantie par un cautionnement déterminé conformément aux règles fixées par un arrêté concerté desdits ministres.

Art. 259-§ 1. — La circonscription des caisses primaires de répartition visées à l'article 245 ne doit pas dépasser les limites du département.

§ 2. — Ces caisses peuvent passer des conventions avec celles qui fonctionnent dans les départements limitrophes, pour la garantie du même risque, en vue d'assurer pour leur compte les prestations à ceux de leurs adhérents qui résident dans ces départements.

§ 3. — En ce qui concerne les caisses du département de la Seine, cette faculté s'applique aux départements de Seine-et-Oise et Seine-et-Marne.

§ 4. — Lorsque les caisses ont été créées par des sociétés ou unions de sociétés de secours mutuels, des syndicats professionels ou unions de syndicats professionnels, des caisses d'assurances ou de réassurances mutuelles agricoles ayant un caractère interdépartemental et existant avec la mise en application des assurances sociales, elles peuvent en outre passer des conventions analogues avec des caisses des départements non limitrophes pour les assurés qui travaillent dans ces départements.

Art. 260-§ 1. — Les caisses primaires de répartition doivent comporter une gestion indépendante de celle de l'organisme qui les constitue.

§ 2. — En ce qui concerne les caisses créées par les sociétés ou unions de sociétés de secours mutuels, l'assemblée générale qui procède à la désignation d'un conseil d'administration comprend, conformément à l'article 26-§ 5 de la loi, les assurés et les membres qui participent aux autres services mutualistes de l'organisme constitutif. Les assurés participant à ces services ont droit à une voix supplémentaire pour les élections au conseil d'administration.

§ 3. — L'assemblée générale de la société ou union de sociétés de secours mutuels peut décider que la caisse créée par cette société ou union de sociétés de secours mutuels aura le même conseil d'administration que la société ou l'union.

Art. 261-§ 1. — Par application de l'article 26-§ 2 de la loi, les caisses existant six mois avant la mise en application de la loi et visées au paragraphe 4 du même article et à l'article 44 de la loi peuvent, dans les conditions prévues à l'article 250 du présent décret, fonctionner comme caisses primaires d'assurance-vieillesse ou comme caisses primaires d'assurance-vieillesse et invalidité. Ces caisses peuvent avoir une circonscription nationale, régionale, et interdépartementale, si elles constituent, après avis du conseil supérieur des assurances sociales, des sections locales en dehors du département de leur siège social. Elles sont gérées dans les conditions prévues pour les caisses primaires.

§ 2. — Les caisses d'assurance-vieillesse et les caisses d'assurance-vieillesse et invalidité gérées par les organismes visés à l'article 26-§§ 2 et 4 et à l'article 44-§ 1 de la loi sont administrées soit par la société de secours mutuels ou l'union de sociétés de secours mutuels qui administre la caisse de retraites ouvrières ou la caisse autonome, soit par l'organisme qui administre la caisse patronale. Les dispositions des paragraphes 5 et 7 de l'article 26 de la loi ne sont pas applicables aux caisses primaires formées dans ces conditions.

§ 3. — Toutefois, s'il s'agit d'une caisse mutualiste, le conseil d'administration de l'organisme qui l'a constituée doit comprendre au moins la moitié de membres participants. S'il s'agit d'une caisse patronale autre que celles précédemment autorisées conformément aux dispositions d'une loi ou d'un décret, le règlement de l'institution en doit confier la gestion à un conseil comprenant au moins la moitié d'assurés élus.

§ 4. — Les caisses autonomes mutualistes qui bénéficient de l'autorisation prévue au paragraphe 4 de l'article 26 de la loi, doivent comprendre deux sections distinctes, afférentes, l'une aux opérations de la loi du 1er avril 1898, l'autre aux opérations de la loi du 5 avril 1928. Elles jouissent en ce qui concerne ces dernières opérations, de la personnalité civile conformément au paragraphe 2 de l'article 29 de la loi.

§ 5. — Les sociétés ou unions de sociétés de secours mutuels ne peuvent avoir, pour une même circonscription, qu'une caisse primaire chargée des assurances sociales, en ce qui concerne les risques prévus au paragraphe 1 du présent article. Dans le cas où elles ont fondé à la fois une caisse autonome mutualiste et une caisse de retraites ouvrières, cette dernière doit fusionner avec le première. Elle n'est autorisée à fonctionner comme caisse primaire, qu'autant que la caisse autonome n'a pas été agréée.

Art. 262. — Pour l'application de l'article 44-§ 2 de la loi, la caisse nationale des retraites pour la vieillesse doit ouvrir une section spéciale dans ses écritures pour l'application de la loi sur les assurances sociales et une sous-section pour les opérations de l'assurance facultative effectuées au titre de ladite loi. Les opérations de la section spéciale sont discriminées par département en ce qui concerne l'immatriculation des assurés et la réception des cotisations.

Art. 263-§ 1. — Dans les départements où la caisse nationale des retraites pour la vieillesse a créé une section d'assurés, il est organisé un conseil d'administration de la section composé de six membres élus par les assurés, de cinq membres élus par les employeurs et d'un membre désigné par la commission supérieure de la caisse nationale des retraites pour la vieillesse. Ce conseil d'administration élit son président qui en cas de partage a voix prépondérante. Il délibère sur toutes les questions qui lui sont renvoyées pour avis par la commission supérieure de la caisse nationale des retraites pour la vieillesse et par le directeur général de la Caisse des Dépôts et Consignations; il est appelé notamment à donner son avis sur :

1° Les placements visés à l'article 31 de la loi du 5 avril 1928-§ 1 deuxième alinéa, *b, c,* et *d,* intéressant le département dans lequel il siège ;

2° Les mesures de propagande à appliquer dans le même département ;

3° L'organisation et le fonctionnement de l'assurance-invalidité.

§ 2. — La Commission supérieure de la caisse nationale des retraites pour la vieillesse délibère sur toutes les questions qui intéressent le fonctionnement de la section spéciale des assurances sociales. Elle est complétée, pour les délibérations relatives à cette matière, par dix membres des conseils d'administration des sections départementales désignés par le ministre du Travail, dont la moitié au moins d'assurés élus.

CHAPITRE 3. — Service des prestations.

Art. 264-§ 1. — Les caisses primaires et les caisses départementales, en tant que celles-ci fonctionnent comme caisses primaires ou comme caisses de compensation, déterminent dans leu règlement et conformément à un règlement-type élaboré par l'offic: national, les modalités d'organisation du service des prestations.

§ 2. — Le service local des prestations est assuré pour le compte de la caisse départementale :

a) Soit par les sections locales de cette caisse ;

b) Soit par les sociétés de secours mutuels acceptant d'être les correspondantes de cette caisse ;

c) Soit par des correspondants locaux au service de celle-ci ;

d) Soit par les caisses primaires.

§ 3. — Le service local des prestations est assuré pour le compte des caisses primaires, soit par les sections locales comprenant les adhérents de ces caisses, soit par d'autres caisses primaires avec qui elles ont passé contrat dans les conditions prévues à l'article 259 du présent décret, soit lorsqu'elles sont fondées par des caisses de réassurance constituées en application de la loi du 1ᵉʳ avril 1898 ou de la loi du 4 juillet 1900, ou par des unions de sociétés de secours mutuels, par l'intermédiaire des organismes locaux affiliés auxdites caisses de réassurance ou unions.

§ 4. — Le décret prévu à l'article 29-§ 3 de la loi, fixera le règles financières que devront suivre les différentes caisses dan leurs rapports avec les organismes chargés, pour leur compte, du service local des prestations.

CHAPITRE 4. — Adhésions et présomption d'affiliation

Art. 265-§ 1. — Les assurés sont couverts, en ce qui concerne chacun des risques, soit par l'une des caisses primaires prévues à l'article 26-§ 2 de la loi, soit par la section de la caisse départementale prévue à l'article 256 du présent décret.

§ 2. — Les caisses départementales et primaires sont tenues d'admettre, sans examen médical préalable et quel que soit leur état de santé, tous les assurés obligatoires qui ont leur lieu de travail dans la circonscription territoriale de la caisse et appartiennent au groupement, à l'établissement ou à la profession dans lesquels elle se recrute.

§ 3. — Les caisses primaires ne peuvent refuser cette admission que si elle doit entraîner la rupture de la proportion des assurés âgés exigée par l'article 248-§ 1.

ART. 266-§ 1. — Sont considérés comme acceptant la présomption d'affiliation établie à l'article 26-§ 3 de la loi, les membres participants ou honoraires des sociétés de secours mutuels fonctionnant dans les conditions de la loi du 1er avril 1898 qui auront été inscrits sur les contrôles de ces sociétés six mois avant la mise en application de la loi, et qui remplissant les conditions pour être immatriculés dans l'assurance, n'auraient pas fait connaître, dans un délai de deux mois, à l'office dans la circonscription duquel ils travaillent, leur volonté de renoncer à cette affiliation.

§ 2. — Les sociétés de secours mutuels sont tenues, à cet effet, au moins un mois avant l'expiration dudit délai, d'informer leurs adhérents de la présomption dont ils bénéficient et du délai au cours duquel ils y peuvent renoncer.

§ 3. — Si l'assuré fait partie de plusieusr sociétés de secours mutuels et s'il n'a pas expressément indiqué à laquelle des caisses créées par ces sociétés il entend être affilié pour les assurance sociales, il est censé choisir la ou les caisses fondées par l'union départementale mutualiste à la quelle une de ces sociétés est affiliée.

ART. 267-§ 1. — En ce qui concerne le risque vieillesse et les risques vieillesse et invalidité. les assurés des retraites ouvrières, affiliés six mois avant l'application de la loi à l'une des caisses visées aux paragraphes 2 et suivants de l'article 14 de la loi du 5 avril 1910 et ayant échangé précédemment une carte comportant des versements, sont maintenus à la caisse primaire d'assurance-vieillesse ou d'assurance-vieillesse et invalidité prenant la suite des opérations de la caisse de retraites ouvrières à laquelle ils étaient affiliés en dernier lieu, à moins que, dans un délai de deux mois, ils n'aient déclaré à l'office dans la circonscription duquel ils travaillent, qu'ils font choix d'une autre caisse.

§ 2. — Les assurés des retraites ouvrières, affiliés six mois avant l'application de la loi à la section spéciale des retraites ouvrières de la caisse nationale des retraites pour la vieillesse et ayant échangé précédemment une carte comportant des versements, ainsi que les assurés qui sont titulaires d'un compte à la section générale de ladite caisse au titre de la loi du 20 juillet 1886, sont inscrits, pour les risques vieillesse et invalidité, à la section spéciale des assurances sociales de la caisse nationale des retraites pour la vieillesse, sous réserve des présomptions d'affiliation établies aux paragraphes 3 et 4 de l'article 26 de la loi, à moins qu'ils n'aient déclaré à l'office dans le circonscription duquel ils travaillent, qu'ils font choix d'une autre caisse.

§ 3. — Les organismes visés aux paragraphes 1 et 2 du présent article doivent informer leurs adhérents de la présomption dont ils bénéficient, dans les conditions prévues au paragrapge 2 de l'article 266 du présent décret.

§ 4. — Les futurs assurés qui sont, à la fois, inscrits à une société ou union de sociétés de secours mutuels et à une caisse de retraites ouvrières ou à la section spéciale de la caisse nationale des retraites pour la vieillesse, sont présumés, sauf déclaration contraire de leur part dans les délais ci-dessus prévus, faire choix de la caisse vieillesse ou de la caisse vieillesse et invalidité fondée par la société ou union de sociétés de secours mutuels à laquelle ils se rattachent. Ceux qui appartiennent simultanément à une caisse de retraites ouvrières et à la section spéciale de la caisse nationale des retraites pour la vieillesse sont présumés, dans les mêmes conditions, faire choix de la caisse primaire d'assurance-vieillesse fondée par la caisse de retraites ouvrières à laquelle ils se rattachent.

ART. 268. — Les assurés qui n'ont pas fait choix ou qui ne sont pas présumés faire choix d'une caisse d'assurance pour l'un ou l'autre des risques sont affiliés d'office à la section de la caisse départementale afférente à chacun des risques pour lesquels ils n'ont pas exercé leurs droits.

CHAPITRE 5. — INSTITUTIONS PATRONALES EXISTANTES.

ART. 269-§ 1. — Lorsque les institutions visées à l'article 44-§ 1 de la loi du 5 avril 1928 comprennent des assurés parmi leurs bénéficiaires, elles doivent, pour pouvoir continuer celles de leurs opérations ayant pour objet d'assurer au personnel affilié des prestations non prévues par ladite loi, obtenir une autorisation.

§ 2. — Lorsqu'elles ne comprennent parmi leurs bénéficiaires que des salariés ne rentrant pas dans la catégorie des assurés, elles ont la faculté de demander la même autorisation en vue d'obtenir la personnalité civile prévue à l'article 274 du présent décret.

§ 3. — L'autorisation prévue aux paragraphes 1 et 2 ci-dessus peut être demandée, quel que soit le nombre des affiliés à l'institution patronale, soit en vue de l'admission de nouveaux bénéficiaires, soit seulement en vue de la liquidation des engagements antérieurs. Elle est accordée par décret rendu sur la proposition du ministre du Travail. Un décret spécial rendu sur la proposition du ministre du Travail et du ministre des Finances règlera les conditions d'application de l'article 28 de la loi de finances du 30 décembre 1928.

ART. 270-§ 1. — Pour obtenir l'autorisation prévue à l'article précédent, les institutions devront adresser au ministre du Travail, deux mois au moins avant la mise en vigueur de la loi, une demande où elles indiqueront si elles entendent ou non admettre de nouveaux bénéficiaires.

§ 2. — Elles joindront à cette demande :

1º Les statuts et, s'il y a lieu, le règlement intérieur de la caisse ;

2º La liste des membres du Conseil d'administration ;

3º Un état indiquant le nombre des bénéficiaires ;

4º Les comptes des trois dernières années, s'il y a lieu ;

5º S'il s'agit d'une caisse constituant des retraites ou des capitaux en cas de vie ou de décès, un inventaire technique constatant que la situation financière de la caisse suffira à garantir les engagements antérieurs.

ART. 271. — L'autorisation ne peut être accordée qu'aux conditions suivantes.

1º Dans le cas où les bénéficiaires participent eux-mêmes à la constitution des avantages promis, il doit être stipulé dans les statuts que, s'ils viennent à quitter l'entreprise avant d'avoir réuni les conditions exigées pour y avoir droit, ils conservent, en tout état de cause, le bénéfice de leurs versements personnels;

2º Si ces versements ne sont pas attribués à un compte individuel demeurant la propriété du salarié, il doit être prévu qu'une prime unique sera versée pour le compte de l'intéressé en vue de lui constituer, à capital aliéné, et à l'âge fixé pour la liquidation de la retraite normale, la rente viagère ou le capital différé correspondants. Cette rente viagère ou ce capital différé doivent être calculés eu égard aux versements respectivement effectués par l'intéressé à ses divers âges conformément aux tarifs de la caisse nationale des retraites ou de la caisse nationale d'assurance en cas de décès, en vigueur au moment où l'intéressé vient à quitter l'entreprise. Ce versement doit être opéré à l'un des organismes désignés à l'article 56-§ 2 de la loi, si l'intéressé est assuré obligatoire ou facultatif, ou, dans le cas contraire, soit à la caisse nationale des retraites, soit à la caisse nationale d'assurance en cas de décès, soit dans une caisse autonome fonctionnant dans les conditions de la loi du 1er avril 1898;

3º Pour les institutions non autorisées précédemment, conformément aux dispositions d'une loi ou d'un décret, les statuts doivent, si le personnel participe à la constitution des avantages promis, réserver la moitié au moins des sièges dans le Conseil d'administration aux représentants élus du personnel bénéficiaire.

Art. 272-§ 1. — L'inventaire technique prévu à l'article 270 du présent décret est dressé conformément au modèle arrêté par le ministre du Travail.

§ 2.— Sont admis comme éléments d'actif, les valeurs mobilières, créances et immeubles affectés par l'employeur en gage ou en garantie, et éventuellement le cautionnement déposé par lui à la caisse des Dépôts et Consignations pour couvrir les insuffisances d'actif.

§ 3. — Un décret rendu sur la proposition du ministre du Travail et du ministre des Finances déterminera les garanties à exiger des institutions patronales eu égard à leur effectif ou les règles d'évaluation du passif afférentes aux conditions ou modalités particulières de fonctionnement desdites institutions.

Art. 273. — L'inventaire technique est établi tous les cinq ans à la date du 31 décembre et envoyé au ministre du Travail dans les six premiers mois de l'année suivante.

Art. 274. — Les caisses qui bénéficient de l'autorisation visée à l'article 269 du présent décret jouissant d'une personnalité civile distincte de l'établissement patronal.

Art. 275. — L'institution patronale adresse, dans les deux premiers mois de chaque année, au ministre du Travail, un état de sa situation financière, arrêté au 31 décembre précédent, établi conformément au modèle arrêté par le ministre du Travail.

Art. 276. — S'il apparaît, d'après les résultats du contrôle, que la situation financière de l'institution ne permet plus de faire face à l'exécution des engagements contractés, le ministre du Travail peut lui adresser une mise en demeure d'avoir à fournir les garanties nécessaires. Faute par elle de se soumettre à cette injonction, dans un délai de trois mois, le ministre du Travail **peut** exiger sa liquidation.

Art. 277-§ 1. — Dans le cas où les avantages consentis **aux** salariés par l'employeur ne comportent aucun engagement **ou** aucune garantie de sa part, il est dispensé de la production de l'inventaire technique prévu à l'article 270 du présent décret.

§ 2. — Il n'est tenu que de fournir un état des ressources avec lesquelles il entend faire face aux versements des allocations accordées au personnel.

Art. 278-§ 1. — L'autorisation ne peut être refusée que si l'institution patronale ne réunit pas les conditions prévues par la loi ou le présent décret. En cas de refus d'autorisation, un recours **peut** être formé devant le Conseil d'État statuant au contentieux.

§ 2. — Le retrait d'autorisation peut être prononcé si l'institution patronale cesse, pour une cause quelconque, de fonctionner régulièrement. Ce retrait peut donner lieu au même recours.

Art. 279. — Sont dispensées de demander l'autorisation **prévue** à l'article 44-§ 1 de la loi :

1º Les institutions patronales qui ne comptent aucun assuré parmi leurs bénéficiaires;

2º Celles dont les prestations sont assurées exclusivement par l'entremi e, soit de la caisse nationale des retraites pour la vieillesse (section de la loi du 20 juillet 1886), soit de la caisse nationale d'assurance en cas de décès, soit d'une entreprise contrôlée par application de l'une des lois des 17 mars 1905, 19 décembre 1907, 3 juillet 1913 et 26 mai 1921.

Art. 280-§ 1. — Pour fonctionner comme caisses primaires d'assurances sociales en application des articles 26 à 36 et 44-§ 1 de la loi, les institutions qui bénéficient de l'autorisation prévue aux articles précédents doivent, en outre, obtenir l'agrément de l'office national dans les conditions prévues aux articles 248 et 250 du présent décret.

§ 2. — Si elles ont reçu cet agrément, elles doivent ouvrir dans leurs écritures deux sections distinctes respectivement afférentes aux assurances sociales et à leurs autres opérations. Chaque section est administrée conformément à son statut propre.

§ 3. — Elles peuvent néanmoins être administrées par un Conseil d'administration commun. Les dispositions de l'article 261 du présent décret son applicables à la composition dudit Conseil.

§ 4. — Les institutions patronales qui comportent à la fois des services de maladie et des services de retraites doivent, pour bénéficier de l'autorisation de fonctionner comme caisses primaires, pour chacun de ces deux services, constituer deux caisses primaires distinctes, l'une pour les risques maladie, soins aux invalides, décès, maternité, l'autre pour le risque vieillesse ou pour les risques vieillesse et invalidité.

Art. 281-§ 1. — Toutes les caisses qui comprennet, parmi leurs affiliés, des salariés soumis aux assurances sociales, et qui n'ont pas obtenu, dans le délai prescrit, l'autorisation prévue à l'article 269 ci-dessus, doivent procéder à leur liquidation. Celle-ci devra être terminée dans les deux années qui suivent la notification de la décision intervenue. Elle est faite au prorata des droits acquis et des droits éventuels.

§ 2. — Le capital constitutif d'une pension en cours de service est la somme qu'il faudrait aliéner pour constituer, à l'âge du titulaire, une rente viagère immédiate égale à la pension servie.

§ 3. — Le capital constitutif d'une pension en cours d'acquisition est la somme qu'il faudrait aliéner pour constituer, à l'âge du titulaire, une rente viagère différée proportionnelle à la pension qu'il aurait obtenue au moment de sa mise en retraite, d'après les statuts ou règlement de l'institution à liquider ou, à défaut, d'après les précédents de cette institution.

§ 4. — Si l'institution de retraite comporte la réversibilité totale ou partielle des pensions, la liquidation s'opère d'après les mêmes principes.

§ 5. — Les opérations ci-dessus prévues sont effectuées d'après le tarif et la table de mortalité appliqués par la caisse nationale des retraites pour la vieillesse (section de la loi du 20 juillet 1886).

§ 6. — Le capital constitutif des rentes acquises ou en cours d'acquisition sera transféré dans la forme où il se trouve à la caisse nationale des retraites pour la vieillesse (secion de la loi du 20 juillet 1886), qui sera chargée de faire aux intéressés le service de la retraite correspondante.

§ 7. — Les dispositions qui précèdent s'appliquent également au cas où l'autorisation a été retirée à une caisse en application de l'article 276 du présent décret. La liquidation, dans ce cas, doit intervenir dans les six mois.

ART. 282. — A dater de la mise en vigueur de la loi des assurances sociales, il ne pourra plus être créé d'institutions patronales rentrant dans les catégories prévues à l'article 44-§ 1 de la loi, que pour le personnel non soumis aux assurances sociales.

ART. 283. — En cas de liquidation d'une des caisses visées à l'article 269 ci-dessus, l'employeur et les adhérents demeurent tenus de continuer à effectuer les versements prévus par le contrat de travail pour la constitution d'une retraite, sauf à les diminuer dans les conditions indiquées à l'article 44-§ 3 de la loi sur les assurances sociales. Ces versements, en ce qui concerne le personnel affilié aux assurances sociales, seront obligatoirement opérés à l'un des organismes désignés à l'article 56-§ 2 de ladite loi. Pour le personnel non affilié aux assurances sociales, les versements susvisés seront effectués à la caisse nationale des retraites pour la vieillesse ou à une caisse autonome fonctionnant dans les conditions de la loi du 1er avril 1898.

ART. 284-§ 1. — En application de l'article 44-§ 3 de la loi, si des prestations sont déjà accordées à des salariés par l'employeur en vue de couvrir les risques maladie, maternité, décès et invalidité (soins et pensions) au sens, pour ce dernier risque, de l'article 10-§ 1 de la loi, les contributions patronales et ouvrières peuvent, à partir de la mise en vigueur de la loi, être réduites à concurrence des fractions de cotisation affectées à la couverture de ces mêmes risques telles qu'elles seront fixées par décret. Cette réduction est subordonnée à un accord entre l'employeur et son personnel.

§ 2. — Les contributions patronales et ouvrières aux caisses et institutions patronales de retraite dont les opérations sont indépendantes de la loi sur les assurances sociales peuvent être réduites, dans les mêmes conditions, à concurrence d'une fraction égale au total de la cotisation versée au compte individuel d'assurance vieillesse, en vertu de l'article 14-§ 1 de ladite loi et, éventuellement, de la cotisation spéciale prélevée au profit du fonds de majoration et de solidarité, en exécution de l'article 69-§ 5, 3°, *a*) de la même loi, sur les contributions afférentes aux assurés de moins de trente ans.

§ 3. — La réduction des contributions prévue aux paragraphes précédents entraîne pour chaque année de travail accomplie postérieurement sous le régime dudit contrat une réduction correspondante des avantages consentis.

Art. 285- § 1.— La commission arbitrale prévue à l'article 44-§ 3 de la loi, est composée de sept membres permanents désignés :

Deux par la commission supérieure de la caisse nationale des retraites pour la vieillesse;

Deux par le Conseil d'administration de l'Office national des assurances sociales;

Deux par le premier président de la Cour d'appel de Paris, parmi les conseillers à la Cour;

Deux par le premier président de la Cour des Comptes, parmi les conseillers à la Cour.

§ 2. — La commission élit son président et son secrétaire; elle siège à l'Office national des assurances sociales; ses fonctions sont gratuites.

§ 3. — Le nombre des membres de la commission arbitrale est porté à neuf par l'adjonction, dans chaque affaire, de deux membres désignés, l'un par les employeurs, l'autre par la majorité des ouvriers et employés.

§ 4. — La procédure se fait sans frais d'aucune sorte; tous actes, documents et pièces quelconques à produire sont dispensés du timbre et enregistrés gratis.

Art. 286-§ 1. — Le directeur général de l'Office national des assurances sociales fait procéder respectivement par la commission supérieure de la caisse nationale des retraites pour la vieillesse et par le Conseil d'administration de l'Office national à la nomination des deux membres permanents de la commission arbitrale dont la désignation appartient à chacune de ces assemblées; il provoque, par l'intermédiaire des ministres compétents, la nomination des autres membres.

§ 2. — Dès qu'il a reçu avis de toutes les nominations, il convoque les membres permanents et les invite à élire parmi eux un président et un secrétaire.

§ 3. — La composition de la partie permanente de la commission est publiée au *Journal officiel*.

§ 4. — En cas de démission ou de décès de l'un des membres de la commission, le directeur général de l'Office national des assurances sociales est immédiatement avisé par le président. Il est pourvu, suivant les formes prévues au présent règlement, au remplacement du membre démissionnaire ou décédé.

§ 5. — Un fonctionnaire de l'Office national des assurances sociales, désigné par le directeur général, est attaché à la commission comme secrétaire adjoint; il a voix consultative. Un chef ou un sous-chef de bureau dudit Office est chargé de la tenue des écritures et de la conservation des archives.

§ 6. — Le directeur général de l'Office national des assurances sociales peut, sur la demande du président, adjoindre, pour chaque affaire, à la commission, en qualité d'auxiliaires de l'instruction, en vue de procéder à toutes enquêtes, constatations et vérifications de comptes, deux agents de l'Office. Il peut également, dans les mêmes conditions, prier le ministre des Finances de désigner un agent du ministère pour remplir cette fonction.

Art. 287-§ 1. — Dans le cas de recours à la commission arbitrale, l'employeur transmet à l'office départemental ou interdépartemental des assurances sociales :

1º Le règlement des retraites ou le contrat de travail en vigueur au moment de la mise en application de la loi;

2º Les noms des représentants désignés par l'employeur. L'office départemental ou interdépartemental donne récépissé du dépôt et le transmet à l'Office national des assurances sociales qui en saisit la commission.

§ 2. — Les salariés adressent, soit par l'intermédiaire de l'employeur, soit directement à l'Office, le nom du représentant qu'ils ont choisi.

§ 3. — La commission peut entendre toutes les personnes et ordonner toutes enquêtes, vérifications et autres mesures d'instruction, soit par un de ses membres, soit par un des auxiliaires mentionnés à l'article précédent.

Art. 288. — A dater de la mise en vigueur de la loi des assurances sociales, les organismes de répartition et les services d'allocations familiales agréés en vertu des textes législatifs et réglementaires en vigueur pourront éventuellement, sans autorisation du ministre du Travail, réduire les versements patronaux auxquels donne lieu l'application de la loi du 19 décembre 1922 lorsqu'ils prennent à leur charge, outre les avantages consentis par application de la loi du 19 décembre 1922, des prestations et majorations allouées aux salariés ou à leur famille en cas de maladie, de grossesse, d'invalidité ou de décès, en vertu de la loi du 5 avril 1928.

Art. 289. — Toutefois, lorsque les avantages réglementaires alloués par les organismes et services visés à l'article 288 ci-dessus sont garantis par contrat de travail, la réduction des versements patronaux ne peut être effectuée que dans la proportion strictement nécessaire pour décharger l'organisme ou service intéressé du paiement des majorations pour charges de famille acquises aux salariés ou à leur famille en vertu de l'article 20 de la loi sur les assurances sociales.

SECTION V

Élections aux conseils d'administration des caisses départementales et primaires et des offices départementaux et interdépartementaux, à la commission tripartite départementale, au conseil supérieur des assurances sociales et à la caisse générale de garantie

CHAPITRE 1.

ÉLECTIONS AUX CONSEILS D'ADMINISTRATION DES CAISSES DÉPARTEMENTALES ET PRIMAIRES.

Art. 290-§ 1. — L'élection des administrateurs des caisses départementales a lieu à deux degrés dans les conditions suivantes:

§ 2. — Chaque caisse primaire d'assurance-maladie du département et la section maladie de la caisse départementale provoquent, quinze jours au moins avant la date fixée pour l'élection du Conseil d'administration de la caisse départementale, la désignation par les assurés de délégués électeurs. Le nombre de ces délégués est de deux pour les caisses comptant moins de 400 membres assurés, de trois pour celles de 401 à 600 membres, de quatre pour celles de 601 à 1.000 membres, de cinq pour celles de 1.001 à 2.000 membres, le nombre des délégués s'accroissant d'un délégué par 2.000 membres au-dessus de 2.000.

§ 3. — Les délégués électeurs élisent en assemblée générale, parmi les assurés, les employeurs et les praticiens, et pour chaque catégorie, un nombre d'administrateurs respectivement égal à celui qui est fixé par les statuts de la caisse, conformément à l'article 26-§ 7 de la loi. Cette élection a lieu au scrutin de liste et à la majorité relative des suffrages exprimés.

Art. 291-§ 1. — En ce qui concerne la désignation des administrateurs assurés, les délégués électeurs sont répartis en six collèges, groupant les représentants :

1º Des caisses fondées par des sociétés ou unions de sociétés de secours mutuels ;

2º Des caisses fondées par des caisses d'assurances ou de réassurances mutuelles agricoles ;

3º Des caisses fondées par des syndicats ouvriers ou leurs unions ;

4º Ces caisses fondées spontanément par les assurés ;

5º Des caisses patronales constituées pour l'assurance-maladie en application de l'article 44-§ 1 de la loi ;

6º De la section maladie de la caisse départementale.

Chaque collège élit un nombre d'administrateurs assurés égal à celui des sièges auquel lui donnent droit les effectifs des caisses qu'il représente. Le nombre de ces sièges est fixé par l'office départemental ou interdépartemental trois mois avant l'élection; la répartition est faite au prorata du nombre des assurés appartenant à chaque catégorie de caisses, les sièges restants étant attribués aux catégories qui ont les plus grands restes, ou, en cas d'égalité des restes, à celle qui a le plus grand nombre d'inscrits, ou, s'il n'y a qu'un siège restant, à celle qui a le plus grand reste.

. § 2. — Les réclamations relatives à la répartition des sièges sont portées devant l'Office national par les caisses intéressées, dans les huit jours qui suivent la publication dans la presse de l'avis indiquant cette répartition.

Art. 292-§ 1. — La désignation des administrateurs employeurs est faite par l'assemblée générale des délégués assurés sur la présentation d'une liste établie par les employeurs et comportant un nombre de candidats au moins double de celui à élire. A cet effet, le président de la caisse départementale invite, six semaines avant la date de l'assemblée générale, les employeurs qui occupent des salariés, dépendant pour l'un quelconque des risques de ladite caisse, à se concerter et à lui faire parvenir, cinq jours au moins avant l'assemblée, la liste de leurs candidats.

§ 2. — Les syndicats professionnels de praticiens, liés par contrat avec la caisse départementale, sont invités dans les mêmes conditions à adresser à cette caisse la liste des candidatures à soumettre à l'assemblée générale.

§ 3. — Les administrateurs à élire en dehors de ceux ci-dessus désignés, sont élus par l'assemblée générale des délégués des assurés.

Art. 293-§ 1. — L'élection des administrateurs des caisses primaires autres que les caisses d'assurance-vieillesse ou d'assurance-vieillesse et invalidité, administrées dans les conditions de l'article 261-§§ 2 et 3 du présent décret, a lieu conformément aux dispositions de la loi du 1er avril 1898 et des statuts de chaque caisse, sous les réserves contenues à l'article 26-§ 7 de la loi.

§ 2. — Les dispositions des paragraphes 1 et 2 de l'article 292 ci-dessus sont applicables à la désignation par ces caisses des administrateurs employeurs et des administrateurs praticiens.

Art. 294. — Seuls peuvent être élus au Conseil d'administration des caisses départementales et primaires les candidats de nationalité française, majeurs, non déchus de leurs droits civils et civiques.

CHAPITRE 2.

ÉLECTIONS AUX CONSEILS D'ADMINISTRATION DES OFFICES DÉPARTEMENTAUX ET INTERDÉPARTEMENTAUX.

Art. 295-§ 1. — Les membres élus du Conseil d'administration des offices départementaux ou interdépartementaux sont désignés respectivement par les assurés, les employeurs, les médecins et les pharmaciens, qui sont administrateurs des caisses d'assurances sociales constituées dans chaque département ou ayant une ou des sections dans le département.

§ 2. — En vue de cette désignation, le directeur de l'office départemental ou interdépartemental établit, un mois avant la date de chaque élection, pour chaque catégorie d'électeurs, la liste électorale. Il fixe, en même temps, le nombre de voix dont disposera chaque électeur, en proportion de l'effectif de la caisse dont il est administrateur, ou de l'effectif de la section ou des sections que cette caisse possède dans le département. Chaque électeur a droit à :

2 voix pour les caisses ayant exceptionnellement moins de 500 membres;

3 voix pour les caisses ayant de 500 à 750 membres;

4 voix pour les caisses ayant de 750 à 1.000 membres;

5 voix pour les caisses ayant de 1.000 à 2.000 membres;

Le nombre de voix s'accroissant d'une unité par 2.000 membres au-dessus de 2.000.

§ 3. — Ladite liste est déposée à l'office et dans chaque sous-préfecture. Les intéressés sont avisés de ce dépôt par voie d'avis dans la presse.

Art. 296-§ 1. — La date des élections est fixée, sur la proposition du directeur général de l'Office national, par arrêté du ministre du Travail, publié au *Journal officiel* deux mois au moins avant la date fixée pour chaque élection.

§ 2. — Le vote a lieu par correspondance. Chaque électeur envoie, le jour fixé pour chaque élection, au président du Conseil d'administration de l'office départemental ou interdépartemental, son bulletin de vote sous enveloppe fermée ne comportant aucune indication et renfermée dans une seconde enveloppe mentionnant l'élection, le nom de l'électeur, sa qualité, la caisse dont il est administrateur et le nombre de voix auquel il a droit. S'il a droit à plusieurs suffrages, il les exprime au moyen de bulletins de vote distincts, enfermés dans des enveloppes séparées. Chaque électeur désigne sur son ou ses bulletins de vote un nombre de noms double de celui des administrateurs à élire.

§ 3. — Les élections ont lieu à la majorité relative des suffrages exprimés. Les candidats sont déclarés élus en qualité de membres titulaires ou de membres suppléants suivant le rang dans lequel ils se trouvent placés d'après le nombre de voix qu'ils ont obtenu. En cas d'égalité de suffrages, l'élection est acquise au plus âgé des candidats.

§ 4. — Le dépouillement des votes est effectué par le Conseil d'administration de l'office. Le résultat des élections est publié dans le *Bulletin des actes administratifs* du département.

CHAPITRE 3.

ÉLECTIONS A LA COMMISSION TRIPARTITE DÉPARTEMENTALE.

ART. 297. — En vue de la nomination de la commission tripartite départementale, les caisses d'assurances sociales désignent trois représentants, les syndicats de médecins, deux représentants, et les syndicats de pharmaciens, un représentant. Le Conseil d'administration de l'office départemental ou interdépartemental désigne, de son côté, trois représentants.

ART. 298-§ 1. — Les représentants des caisses d'assurances et des syndicats professionnels de praticiens à la commission tripartite départementale prévue à l'article 7-§ 5 de la loi, sont élus respectivement par ces caisses et syndicats, au scrutin de liste, suivant les règles fixées par le décret du 31 janvier 1921 pour les élections des membres ouvriers du Conseil supérieur du travail.

§ 2. — Chaque organisme dispose d'une voix par 25 membres. La délégation du droit du suffrage des syndicats de moins de 25 membres peut être faite à un autre syndicat de praticiens.

§ 3. — La liste électorale est établie par l'office départemental ou interdépartemental, un mois au moins avant la date de chaque élection. Elle comporte le nombre de voix attribué à chaque organisme.

§ 4. — Les dispositions des articles 211-§ 3, 295-§ 3 et 296 ci-dessus sont applicables à l'élection des membres de la commission tripartite.

CHAPITRE 4.

ÉLECTIONS AU CONSEIL SUPÉRIEUR DES ASSURANCES SOCIALES.

ART. 299-§ 1. — Les élections nationales pour la désignation des membres élus du Conseil supérieur des assurances sociales enumérés à l'article 72 de la loi, ont lieu dans les conditions applicables aux élections départementales pour la désignation du Conseil d'administration des offices, sous réserve des dispositions ci-après.

§ 2. — L'office départemental ou interdépartemental établit, conformément à l'article 285 ci-dessus, deux listes électorales distinctes, l'une comprenant les membres des conseils d'administration des caisses départementales, l'autre comprenant ceux des caisses primaires. Chaque liste comporte, dans une section spéciale, les membres ayant la qualité d'assurés.

§ 3. — Le directeur de l'office départemental ou interdépartemental arrête dans les conditions fixées à l'article 291 ci-dessus, mais sans sectionnement, la liste électorale des membres du Conseil d'administration des caisses de réassurances mutuelles agricoles constituées conformément à la loi du 4 juillet 1900, ainsi que celle des membres du Conseil d'administration de l'office. Il établit également la liste électorale des membres des commissions paritaires de placement, celles-ci étant toutefois divisées en deux sections, l'une afférente aux membres assurés, l'autre afférente aux membres patrons.

§ 4. — Les résultats partiels des élections dépouillés par le Conseil d'administration de chaque office ou par une commission désignée par ce conseil sont adressés dans les vingt-quatre heures, avec les bulletins contestés, par les soins du président de l'office, au président du Conseil d'administration de l'office national des assurances sociales ; le relevé des votes est fait par une commission désignée spécialement par ce Conseil d'administration. Les résultats des élections sont publiés aussitôt au *Journal officiel.*

Art. 300. — Les représentants des unions nationales de syndicats de praticiens au Conseil supérieur des assurances sociales sont désignés conformément aux dispositions applicables à la représentation des syndicats de praticiens dans les commissions tripartites. Toutefois, la liste électorale, comportant le nombre de voix à attribuer à chaque union, est établie par l'Office national des assurances sociales.

CHAPITRE 5.

ÉLECTIONS AU CONSEIL D'ADMINISTRATION DE LA CAISSE GÉNÉRALE DE GARANTIE.

Art. 301-§ 1. — Les elections nationales pour la désignation des membres élus du Conseil d'administration de la caisse général de garantie ont lieu dans les conditions applicables aux élections départementales pour la désignation des commissions tripartites prévues à l'article 7-§ 5 de la loi, sous réserve des dispositions des paragraphes ci-après.

§ 2. — Sont électeurs les conseils d'administration des caisses départementales et primaires. La liste électorale, divisée en deux sections, est arrêtée par le directeur de chaque office départemental ou interdépartemental un mois avant la date de l'élection. Le dépôt en est effectué dans les conditions prévues à l'article 295-

§.3 du présent décret. Sont inscrites respectivement dans chaque section, les caisses départementales et les caisses primaires ayant leur siège dans la circonscription territoriale de l'office.

Sont éligibles les membres des conseils d'administration desdites caisses.

§ 3. — Les résultats partiels des élections dépouillés par le Conseil d'administration de chaque office ou par une commission désignée par ce conseil sont adressés dans les vingt-quatre heures, avec les bulletins contestés, par les soins du président de l'office au président du Conseil d'administration de la caisse générale de garantie. Le relevé des votes est fait par une commission désignée spécialement par ce conseil. Les résultats des élections sont publiés aussitôt au *Journal officiel*.

SECTION VI

Gestion financière.

Art. 302 .— Les caisses d'assurances font face aux dépenses visées à l'article 69-§§ 2 et 3 de la loi, qu'elles paient pour le compte de la caisse générale de garantie, au moyen d'avances annuelles qui leur sont consenties par ladite caisse dans les conditions fixées par un décret rendu sur le rapport du ministre du Travail et du ministre des Finances.

Art. 303-§ 1. — Le maximum des avances remboursables consenties aux offices ainsi qu'à la caisse d'assurances, conformément à l'article 36 de la loi, est fixé, dans chaque cas, par un décret contresigné par les ministres du Travail et des Finances au vu d'un état estimatif des dépenses à couvrir.

§ 2. — Le décret fixant le maximum desdites avances doit disposer qu'au cas où le versement des annuités de remboursement à la caisse générale de garantie ne serait pas effectué dans le délai fixé par l'organisme emprunteur, une décision du ministre du Travail pourrait autoriser le prélèvement d'office de tout ou partie de l'annuité en retard sur le montant des sommes à allouer aux organismes pour couvrir leurs frais de gestion.

§ 3. — Sur la proposition du ministre du Travail, le ministre des Finances statue sur les demandes d'avances successives présentées par la caisse générale de garantie ou, à son défaut, par le ministre du Travail pour le compte de divers organismes emprunteurs dans la limite du maximum fixé par les décrets pris en conformité des dispositions du premier paragraphe du présent article. Chaque demande d'avances doit comporter un état primitif des dépenses à couvrir et, s'il y a lieu, toutes justifications d'emploi des avances déjà consenties.

§ 4. — Ces avances productives sont mises par le Trésor à la disposition de la caisse générale de garantie qui les verse aux organismes emprunteurs.

§ 5. — Le taux d'intérêt applicable à chaque avance reste en usage pendant toute la durée du prêt.

§ 6. — Dans l'année de la mise en vigueur de la loi, la caisse générale de garantie remboursera au Trésor, en même temps que les capitaux empruntés, les intérêts calculés aux taux prévus par les contrats de prêts.

§ 7. — Il est ouvert dans les écritures du Trésor un compte de services spéciaux ainsi libellé :

« Avances pour frais de premier établissement des organismes chargés du service des assurances sociales (art. 36 de la loi du 5 avril 1928). »

Art. 304-§ 1. — Les organismes qui ont obtenu des avances remboursables en exécution de l'article 36 de la loi sont tenus de justifier de l'emploi des fonds mis à leur disposition par la production, à l'Office national des assurances sociales, d'états soumis au visa des agents du contrôle financier.

§ 2. — Les documents de comptabilité et pièces justifictaives nécessaires à la vérification desdits états sont mis à la disposition de ces agents au siège des organismes.

§ 3. — Si les justifications d'emploi prévues au présent article ne sont pas produites ou si les justifications produites ne sont pas jugées suffisantes, l'Office national adresse à l'organisme bénéficiaire une mise en demeure d'avoir à fournir ou à compléter ses justifications dans un délai de deux mois. Faute par l'organisme d'avoir satisfait à cette mise en demeure, une décision des ministres du Travail et des Finances, peut, sur la proposition de l Office national des assurances sociales, prescrire le remboursement immédiat à la caisse générale de garantie de tout ou partie de l'avance et en ordonner le prélèvement dans les conditions indiquées au paragraphe 2 de l'article 303 du présent décret.

Art. 305-§ 1. — La Caisse des Dépôts et Consignations ouvre un compte courant à la caisse générale de garantie, ainsi qu'à chacune des caisses départementales et des caisses primaires.

§ 2. — En dehors du compte qui leur est ouvert à la Caisse des Dépôts et Consignations, les caisses susvisées peuvent conserver, tant au compte courant postal qu'elles se font obligatoirement ouvrir qu'à la Banque de France, ou à un compte partuculier ouvert chez un préposé à la Caisse des Dépôts et consignations, ou en numéraire, une encaisse dont le montant est déterminé pour chacune de ces catégories d'après les bases fixées par un arrêté concerté entre les ministres du Travail et des Finances.

Art. 306-§ 1. — Les comptes courants des caisses d'assurances ouverts à la Caisse des Dépôts et Consignations sont réglés en capital et intérêts au 31 décembre de chaque année : les intérêts sont capitalisés à cette date.

§ 2. — Les recettes et les dépenses portées aux comptes des caisses d'assurances sont imputées à compter, pour les recettes, du dernier jour de la dizaine, et, pour les dépenses, du premier jour de la dizaine pendant laquelle elles sont effectuées.

§ 3. — Tout transfert du compte « Fonds des timbres des assurances sociales » au compte d'une caisse d'assurance ou de la caisse générale de garantie, ou entre les comptes de deux caisses d'assurance, et celui de la caisse générale de garantie, prend valeur du jour de l'opération.

Art. 307-§ 1. — Au cours du mois de décembre de chaque année, la caisse générale de garantie et les caisses d'assurance adressent à la caisse des Dépôts et Consignations un état prévisionnel indiquant la nature et l'importance des placements prévus à l'article 31-§§ 1 et 2 de la loi, qu'elles ont l'intention d'effectuer au cours de l'année suivante.

§ 2. — Les caisses visées au paragraphe 1 font connaître, en outre, à la Caisse des Dépôts et Consignations, un mois à l'avance, les décisions qu'elles ont prises en vue de l'affectation de la moitié de leurs disponibilités, telle qu'elle est prévue à l'article 31 de la loi, ainsi que les retraits probables, autres que ceux destinés auxdits emplois, qui seront demandés au cours du mois à venir. La Caisse des Dépôts et Consignations défère aux ordres de la caisse dans les conditions prévues aux articles 309 et 310 du présent décret.

§ 3. — Faute d'avoir adressé ces états, ou si dans lesdits états la caisse d'assurance n'a pas indiqué les emplois des catégories visées aux paragraphes 1, 2 de l'article 31 de la loi, qu'elle se réserve d'effectuer sur ses ressources, la caisse des Dépôts et Consignations, au cours de l'année ou du mois suivant, affecte directement, sous réserve de l'application des dispositions de l'article 308 ci-après, la totalité des disponibilités aux placements visés aux alinéas 1 et 2 du paragraphe 1 de l'article 31 de la loi.

§ 4. — Les états susvisés et les ordres d'emploi de la catégorie visée aux paragraphes 1, 2 de l'article 31 de la loi sont transmis à la Caisse des Dépôts et Consignations par l'agent accrédité par le Conseil d'administration de la caisse générale de garantie ou des caisses d'assurance.

ART. 308. — Les disponibilités des caisses d'assurance sont employées en tenant compte de la nature et de l'importance des risques assurés par les caisses. Un arrêté concerté des ministres du Travail et des Finances détermine dans quelle limite des placements définitifs doivent être effectués à l'aide des fonds de répartition, au nom de chacune des caisses intéressées.

ART. 309-§ 1. — Les achats et les ventes en Bourse effectués par la caisse des Dépôts et Consignations pour le compte des caisses d'assurance sont portés dans les écritures de ces caisses avec valeur du jour du règlement avec la chambre syndicale des agents de change.

La Caisse des Dépôts et Consignations notifie aux caisses d'assurance, au fur et à mesure des opérations, les achats et les ventes effectués pour leur compte.

§ 2. — Les rentes et valeurs mobilières négociables sont représentées, toutes les fois qu'il est possible de les obtenir, par des certificats ou titres nominatifs établis au nom de chacune des caisse d'assurance.

§ 3. — La Caisse des Dépôts et Consignations conserve, pour le compte de la caisse générale de garantie et des diverses caisses s'assurance, les titres de rentes et de valeurs mobilières négociables faisant partie de leur portefeuille; elle reçoit aux diverses échéances les arrérages, intérêts ou dividendes; elle encaisse, lorsqu'il y a lieu, les sommes provenant du remboursement total ou partiel des titres, des lots et des primes attribués.

La Caisse des Dépôts et Consignations effectue gratuitement les achats et les ventes moyennant le simple remboursement des droits et frais de courtage et d'acquisition.

Art. 310. — Les placements prévus au 2e (*a*, *b*, *c*, *d*, *e*, *f*,) du paragraphe 1 de l'article 31 de la loi, à l'exception des achats de valeurs reçues en garantie par la Banque de France qui sont effectués directement par la Caisse des Dépôts et Consignations sur la désignation des caisses d'assurance, donnent lieu, sur l'avis conforme de la Caisse des Dépôts et Consignations et sous réserve des approbations prévues à l'alinéa précité, à l'établissement de traités passés directement entre la caisse d'assurance et les emprunteurs ou vendeurs, pour en fixer les conditions et les modalités. Ils sont notifiés par la caisse d'assurance à la caisse des Dépôts et Consignations qui lui verse les fonds aux époques indiquées.

Art. 311. — Les ventes de valeurs que rendent nécessaires les opérations de la caisse générale de garantie et des caisses d'assurances sociales sont effectuées directement par la Caisse des Dépôts et Consignations dans la limite indiquée par les caisses. Les demandes de l'espèce sont transmises à la Caisse des Dépôts et Consignations par l'agent accrédité par le Conseil d'administration des caisses,

Il appartient à la Caisse des Dépôts et Consignations de fixer la nature des valeurs à vendre en tenant compte de la situation du marché et des desiderata des caisses.

SECTION VII

Contrôle exercé par le ministère du Travail, le ministère des Finances et l'office national.

Art. 312-§ 1. — Les employeurs de l'industrie, du commerce' des professions libérales et de l'agriculture sont tenus de présenter, aux inspecteurs et fonctionnaires énumérés à l'article 65-§ 2 'de la loi, les pièces de comptabilité ou autres, qui constatent les salaires payés, les contributions patronales et ouvrières versées pour les assurances sociales, ainsi que les dates d'embauchage et de cessation de service du personnel.

§ 2. — Pour le contrôle prévu à l'article 65-§ 2 de la loi, l'Office national des assurances sociales peut déléguer des agents des offices départementaux ou interdépartementaux.

§ 3. — Les inspecteurs, fonctionnaires et agents susvisés peuvent interroger les ouvriers et employés, notamment pour connaître leur nom, adresse, rémunération, y compris les avantages en nature dont ils bénéficient, le montant des retenues effectuées sur leur salaire pour les assurances sociales, les caisses d'assurances dont ils font partie.

§ 4. — Ils doivent communiquer, le cas échéant, leurs observations à l'employeur en l'invitant à y répondre dans la huitaine.

§ 5. — A l'expiration du délai susindiqué, ils transmettent à l'organisme dont ils relèvent leurs observations, accompagnées de la réponse de l'employeur.

Art. 313-§ 1. — Les offices départementaux et interdépartementaux, les caisses départementales et leurs unions, les caisses primaires ainsi que les institutions de retraites et de prévoyance visées à l'article 44-§ 1 de la loi, sont soumis aux contrôles organisés par le ministre du Travail et par l'Office national des assurances sociales.

§ 2. — Ces mêmes établissements, à l'exception des institutions visées à l'article 44-§ 1 de la loi, qui ne fonctionnent pas comme caisses primaires, sont l'objet des vérifications de l'inspection générale des Finances, des trésoriers payeurs-généraux, des receveurs particuliers des Finances et, dans le département de la Seine, du receveur central des Finances de la Seine.

§ 3. — Un arrêté concerté entre le ministre des Finances et le ministre du Travail précisera les conditions dans lesquelles sera effectué le contrôle prévu au paragraphe 2 du présent article.

TITRE V

CONTENTIEUX

ART. 314. — Les difficultés relatives aux assurances sociales, dont la connaissance n'est pas réservée à d'autres juridictions, soit en vertu de la législation en vigueur, soit par application de la loi du 5 avril 1928, sont soumises aux commissions cantonales instituées par l'article 63-§ 1 de ladite loi.

ART. 315. — Les employeurs et les assurés appelés à faire partie des commissions cantonales, dans les conditions prévues à l'article 63-§ 2 de la loi, doivent être pris en dehors des membres des conseils d'administration de l'office, de la caisse départementale et des caisses primaires dont ils relèvent.

ART. 316-§ 1. — La commission cantonale compétente est celle du domicile du défendeur.

§ 2. — Toutefois : 1° les recours contre les décisions des offices, prononçant l'immatriculation dans l'assurance ou la radiation d'un assuré, sont portés, par la personne immatriculée ou radiée ou par son employeur, devant la commission cantonale qui siège au chef-lieu du canton dans lequel travaille la personne qui a été l'objet de l'immatriculation ou de la radiation contestée; 2° il en est de même des pourvois formés par l'employeur en vertu de l'article 14 du présent décret contre les décisions de l'office départemental relatives aux salariés, qui comportent le versement de la contribution patronale de 5 % en application de l'article 3-§ 3 de la loi.

ART. 317-§ 1. — La commission cantonale est saisie par lettre recommandée adressée au juge de paix en sa qualité de président de la commission dans un délai de dix jours à compter de la date de réception de la notification de la décision.

§ 2. — La commission cantonale est réunie, conformément aux dispositions de l'article 63-§ 2 de la loi, dans un délai de dix jours à compter de la réception de la requête. Elle statue sans frais ni forme de procédure, sur simple convocation qu'adresse le greffier de la justice de paix par lettre recommandée, cinq jours au moins avant l'audience, aux parties intéressées.

§ 3. — La sentence n'est pas susceptible d'opposition.

§ 4. — Le greffier en adresse le jour même un extrait à chacune des parties convoquées à l'audience.

Art. 318-§ 1. — Dans le mois de la notification, chacune des parties intéressées peut interjeter appel de la décision de la commission cantonale devant le tribunal civil. L'appel est formé par simple déclaration appuyée d'un mémoire et, le cas échéant, de pièces justificatives, au greffe de la justice de paix, qui en informe sans délai les autres parties par avis recommandé, en leur signalant qu'elles peuvent adresser, dans les quinze jours suivant la réception de cet avis, un mémoire accompagné ou non de pièces justificatives au greffier du tribunal civil, et qui transmet en même temps à ce greffier le dossier de l'affaire.

§ 2. — L'affaire est jugée sans autre forme de procédure, avec dispense du ministère d'avoué et sans frais, chacune des parties pouvant prendre connaissance au greffe du tribunal civil, sans déplacement, des mémoires et pièces justificatives produites par les autres parties.

§ 3. — Les parties sont averties, cinq jours au moins à l'avance, par les soins du procureur de la République, de la date à laquelle l'affaire sera appelée.

§ 4. — Dans les quinze jours qui suivent l'expiration du délai prévu au paragraphe 1 ci-dessus pour l'envoi des pièces et mémoires, les jugements sont rendus, sur le rapport d'un juge fait en audience publique, et sur les conclusions du ministère public.

§ 5. — Il n'y a pas de plaidoirie, mais les parties peuvent présenter à l'audience de simples observations orales. Le tribunal peut également les inviter à fournir oralement des explications ou justifications complémentaires.

§ 6. — Dans les vingt-quatre heures, le greffier du tribunal adresse un extrait de la décision à chacune des parties.

§ 7. — Les jugements sont rendus sans opposition.

Art. 319-§ 1. — La décision du tribunal civil peut être déférée à la Cour de cassation pour violation de la loi dans les dix jours de la notification. Le pourvoi est formé par simple déclaration au greffe du tribunal civil.

§ 2. — Le greffier du tribunal civil en donne avis aux parties intéressées, en leur faisant connaître qu'elles peuvent, si elles le jugent convenable, adresser au procureur de la République, dans un délai de quinze jours, un mémoire accompagné ou non de pièces justificatives.

§ 3. — Cet avis, adressé par le greffier au procureur de la République aussitôt que le pourvoi a été formé, est transmis d'urgence par la voie administrative aux intéressés. Ces derniers signent un accusé de réception constatant la date de la remise. Au cas où ils ne pourraient signer, refuseraient de le faire ou n'auraient pu être touchés, l'agent chargé de remettre l'avis dresse procès-verbal de la notification. L'accusé de réception ou le procès-verbal est adressé au greffier du tribunal qui, à l'expiration du délai, le transmet sans frais au greffier de la cour de cassation, accompagné, le cas échéant, des pièces et mémoires.

§ 4. — Le pourvoi est porté directement devant la chambre civile qui statue dans le mois suivant la réception des pièces, sans frais ni consignation d'amende. Le ministère d'un avocat à la Cour de cassation n'est pas obligatoire.

Art. 320-§ 1. — Les commissions cantonales instituées par l'article 63-§ 1 de la loi sont compétentes pour connaître des contestations relatives à la validité des élections aux conseils d'administration des caisses départementales et primaires. Les dispositions des articles 317 à 319 ci-dessus sont applicables à l'instruction et au jugement des contestations.

§ 2. — La commission cantonale compétente est celle du canton où la caisse ou la commission tripartite a son siège.

Art. 321-§ 1 — Les réclamations concernant les listes électorales et les contestations relatives à la validité des élections au Conseil supérieur des assurances sociales, à la section permanente dudit Conseil, au Conseil d'administration de la caisse générale de garantie, aux Conseils d'administration des Offices départementaux et interdépartementaux et aux commissions tripartites départementales, sont soumises au ministre du Travail, sauf recours au Conseil d'État statuant au contentieux.

§ 2. — La réclamation doit être formée dans les dix jours qui suivent le dépôt de la liste électorale ou la publication des résultats de l'élection. Il en est donné récépissé. La réclamation est, dans tous les cas, notifiée à la partie intéressée, dans le délai de quinze jours à compter du jour de l'élection.

§ 3. — L'affaire est jugée sans frais, et dispensée du ministère d'un avocat au Conseil d'État.

Art. 322-§ 1. — Les recours dirigés contre les refus d'agrément des caisses départementales et primaires sont, par application de l'article 27-§ 2 de la loi, formés devant le Conseil d'État, sans ministère d'avocat et avec dispense de tout droit, dans le délai de deux mois de la notification de la décision de l'Office national. Cette notification est faite par lettre recommandée.

§ 2. — Les recours dirigés contre les décrets portant retrait d'agrément desdites caisses dans les conditions prévues à l'article 27-§ 3 de la loi sont formés devant le Conseil d'État. Les dispositions du paragraphe 1 du présent article leur sont applicables.

TITRE VI

DISPOSITIONS TRANSITOIRES

Art. 323. — Dans les deux mois qui précéderont la mise en application de la loi, les employeurs seront tenus de faire la déclaration prescrite à l'article 5 du présent décret pour chacun des salariés français ou étrangers, visés audit article, qu'ils occuperont à la date du 1er janvier 1930.

Art. 324. — L'immatriculation des salariés aura effet à compter de la date de la mise en vigueur de la loi sur les assurances sociales.

Art. 325. — Jusqu'à la constitution du Conseil d'administration de l'Office national, le ministre du Travail prendra, d'accord avec le ministre des Finances, toutes mesures nécessaires pour assurer le fonctionnement provisoire dudit Office.

Art. 326. — Jusqu'à la constitution du Conseil d'administration de la caisse générale de garantie, le ministre du Travail prendra, d'accord avec le ministre des Finances, toutes mesures nécessaires pour assurer le fonctionnement provisoire de ladite caisse.

Art. 327. — Les premières élections au Conseil supérieur des assurances sociales et au Conseil d'administration de la caisse générale de garantie auront lieu avant la fin du deuxième mois suivant la mise en vigueur de la loi.

Art. 328. — Jusqu'à ce que le Conseil supérieur des assurances sociales soit définitivement constitué par l'élection de ceux de ses membres pris parmi les directeurs ou administrateurs des offices et des caisses départementales et primaires, et parmi les assurés, les membres de droit et les autres membres élus ou désignés conformément à l'article 72 de la loi, pourront être réunis en un conseil provisoire chargé de donner son avis sur les questions visées à l'article 72-§ 1 de la loi.

Art. 329-§ 1. — Les fonctionnaires et agents faisant partie du personnel de la direction des retraites et des assurances sociales de l'administration centrale du ministère du Travail, et affectés à l'Office national des assurances sociales en application de l'article 68-§ 1 de la loi, seront détachés auprès de cet Office dans les conditions prévues par l'article 33 de la loi du 30 décembre 1913.

§ 2. — Lors de la préparation de la liste d'aptitude et du tableau d'avancement de l'administration centrale, le ministre du Travail demandera au directeur général de l'Office national des assurances sociales communication des notes obtenues pendant l'année par les fonctionnaires dont il s'agit et des propositions les concernant.

§ 3. — L'Office national des assurances sociales allouera, le cas échéant, à ces fonctionnaires et agents, dans la mesure où ils auront subi les retenues correspondant à la différence des traitements, un complément de pension, imputé sur le budget de cet établissement, et destiné à assurer aux intéressés la pension de retraite qu'ils auraient obtenue s'ils avaient été admis à faire valoir leurs droits à la retraite dans leur administration d'origine avec le grade et le traitement équivalents à ceux qu'ils auront à l'Office national des assurances sociales. Un décret rendu sur la proposition du ministre du Travail et du ministre des Finances réglera les modalités d'application du présent paragraphe.

Art. 330. — Les fonctionnaires et agents de l'administration du ministère du Travail et des autres administrations publiques de l'État qui seraient nommés à l'un des emplois de l'Office national des assurances sociales, de la caisse générale de garantie ou des offices départementaux ou interdépartementaux, bénéficieront des dispositions prévues à l'article précédent.

Art. 331. — Jusqu'à la constitution des conseils d'administration des offices départementaux et interdépartementaux dans les conditions fixées par l'article 68-§ 3 de la loi, les attributions de ces conseils seront exercées par les représentants du ministre du Travail et du ministre des Finances prévus au paragraphe 4 du même article.

Art. 332. — Les premières élections aux conseils d'administration des offices départementaux et interdépartementaux auront lieu avant la fin du sixième mois suivant la mise en vigueur de la loi.

Art. 333. — Un décret pris sur la proposition de l'Office national et sur le rapport du ministre du Travail et du ministre des Finances fixera les conditions dans lesquelles les agents des services des retraites ouvrières et paysannes des préfectures (chefs de service, adjoints, commis, commis du cadre latéral et auxiliaires permanents) seront intégrés dans les cadres du personnel des offices départementaux et interdépartementaux. Ceux de ces fonctionnaires qui, antérieurement, étaient soumis au régime de la loi du 14 avril 1924 bénéficieront des dispositions de l'article 329-§ 3 du présent décret.

Art. 334. — Les conditions dans lesquelles seront élus les conseils d'administration d'origine des caisses départementales prévus à l'article 26-§ 6 de la loi, seront déterminées par décret rendu sur la proposition du ministre du Travail.

Art. 335. — Un décret rendu sur la proposition des ministres du Travail et des Finances fixera le taux d'intérêt des tarifs de l'assurance-vieillesse à appliquer pendant les années 1930 et 1931. Ce taux sera obligatoirement le même pour toutes les caisses.

Art. 336. — Il sera ultérieurement statué par règlement d'administration publique sur les bases d'après lesquelles seront décomptées les économies sur dépenses d'assistance prévues à l'article 69-§ 5, 10° de la loi du 5 avril 1928, et sur les modalités de recouvrement de la contribution annuelle des départements et des communes au fonds de majoration et de solidarité et du montant de la part de l'État.

Art. 337. — Sont abrogés les décrets portant règlement d'administration publique du 9 mars 1929, relatifs à l'organisation et au fonctionnement de l'Office national et de la caisse générale de garantie, dont les dispositions sont incorporées dans le présent décret.

www.ingramcontent.com/pod-product-compliance
Lightning Source LLC
LaVergne TN
LVHW010112070726
842525LV00017B/1213